Business Yoga Sutras
für Dynamik und Balance

Gewidmet
meiner Frau Franziska

Dr. Hans Kugler

Business Yoga Sutras
für Dynamik und Balance

Yoga Vidya Verlag

1. Auflage 2015

Originalausgabe

© 2015 Yoga Vidya Verlag, Bad Meinberg

in der Yoga Vidya GmbH

Text Dr. Hans Kugler

Illustration und Umschlagmotiv Stefan Schmid

Bildnachweis Fotolio *39*, Jan Bargmann *46*

Lektorat Kaivalya Meike Schönknecht

Grafik Hugues Deswarte, Jan Bargmann

Herausgegeben vom Berufsverband der Yoga Vidya Lehrer e.V.

Yogaweg 7, 32805 Horn-Bad Meinberg, Deutschland

Alle Rechte vorbehalten

Printed in Germany

ISBN 78-3-943376-07-4

www.yoga-vidya.de

„Nun wird Yoga erklärt."

(Patanjali, Yogasutra 1.1)

Inhaltsverzeichnis

Vorwort

Über 3 Millionen Menschen in Deutschland üben Yoga. Yoga gehört damit nach Wandern, Fahrradfahren und Schwimmen zu den populärsten Sportarten überhaupt. Yoga ist sicherlich mehr als Sport: Als Entspannungstechnik und Energiequelle ist Yoga ein idealer Ausgleich zum Stress des modernen Lebens. Die moderne Wirtschaft steht im globalen Wettbewerb. In den nächsten Jahren wird der Druck auf den einzelnen Menschen in der Wirtschaft eher zu- als abnehmen. Nicht umsonst steigt die Zahl der Menschen mit Burnout und Angststörungen. Die Anzahl von Menschen mit psychosomatischen Beschwerden wie Rückenschmerzen, Bluthochdruck, Kopfschmerzen und Schlafstörungen ist sehr hoch und auch Autoimmunerkrankungen werden immer mehr. Bei all dem hat sich gezeigt: Yoga hilft. Gerade wer intensiv gefordert wird, braucht Yoga ganz besonders.

Yoga ist aber nicht nur „Reparaturbetrieb" für Überlastete, obgleich gerade dieser Aspekt empirisch besonders gut belegt ist. Yoga kann in vielerlei Hinsicht zum Erfolg des Einzelnen und ganzer Betriebe beitragen. Nicht umsonst üben immer mehr Menschen auch und gerade in Führungspositionen Yoga. Und in immer mehr Firmen wird Yoga als Teil der Gesundheitsförderung und des Betriebssports angeboten.

Es seien hier fünf Aspekte genannt, warum Yoga gerade in Unternehmen immer wichtiger wird:

- Yoga erhöht den Energielevel und damit die Ausstrahlung, das persönliche Charisma
- Yoga bringt den Menschen mehr in Kontakt mit sich selbst und damit zu seinen eigenen Stärken. Yoga hilft, sich seiner eigenen Talente bewusst zu werden und diese mit Mut zu leben
- Yoga verbessert das Gespür zu anderen Menschen – Einfühlungsvermögen und Kooperationsfähigkeit steigen

- Yoga macht den Geist kreativer: Man bekommt mehr gute und neuartige Ideen, und genau das ist heute in der Wirtschaft gefragter als je zuvor
- Yoga gibt dem Menschen einen Zugang zu einem höheren und tieferen Sinn im Leben – gerade das suchen immer mehr Menschen

Damit Yoga in Firmen gut eingesetzt werden kann, hat sich Business Yoga als besondere Yoga Art etabliert. Business Yoga ist so entwickelt, dass er in Firmen gelehrt und gelernt werden kann, und so Menschen auch im Berufsalltag großen Nutzen bringt. Dr. Hans Kugler gehört zu den Pionieren des Business Yoga in Deutschland. Als Mitbegründer des Yogabiz Netzwerks, als Business Yoga Ausbildungsleiter bei Yoga Vidya, als Mitkoordinator eines größeren Business Yogalehrer Netzwerks und natürlich als Yogalehrer in Firmen hat er große Erfahrung und Kompetenz. Mit den Business Yoga Sutras macht er kurz und prägnant, didaktisch sehr geschickt ausgearbeitet, die Grundlagen des Business Yoga allen Yoga Interessenten, allen Yoga Übenden, Personalentscheidern und Yogalehrern zugänglich.

Möge Business Yoga ein Baustein werden für eine gesündere, eine mitfühlendere, eine harmonischere und friedvollere Welt.

Sukadev Bretz, Gründer und Leiter von Yoga Vidya

Einführung

Im modernen Leben machen es Informationsfülle und enge Zeittakte oft nicht leicht, zum Kern komplexer Themen vorzudringen. **Business Yoga** ist ein vielschichtiges Thema und die Zielgruppe jongliert mit engen Zeittakten. Mit den „Business Yoga Sutras" möchte ich daher in Form und Inhalt eine **Verdichtung** auf das Wesentliche versuchen.

Als **Vorbild** dienen dabei einerseits die „Yoga Sutras", ein klassisches Grundlagenwerk von **Patanjali**, der darin vor mehr als 2000 Jahren die Essenz des Yoga darlegte. Er tat dies in Form von „Sutras" (Sanskrit Faden, Vers), d.h. in verdichteten Lehrsätzen. Andererseits ist auch in Business-Präsentationen eine Verdichtung auf stichpunktartige **„bullet points"** üblich, so dass sich hieraus ein interessanter Brückenschlag zwischen klassischem Yoga und modernem Business ergibt – genau das Thema von Business Yoga. Analog dazu möchte ich mein Verständnis des Business Yoga in Form kompakter Thesen vermitteln. Der theoretische Teil ist somit bewusst kurz und prägnant gehalten.

Zur **praktischen** Veranschaulichung dient mein **Business-Yoga-Übungssystem** bestehend aus der „yBox" und dem „yPod".

Die **yBox** enthält vielfältige Yogaübungen und -programme, die in Form von Karteikarten ausgedruckt und zusammengestellt werden können. ungen und Übungsfolgen können so abwechslungsreich auf die individuellen Bedürfnisse abgestimmt werden (siehe Kapitel 9 und 10 und yBox-CD).

Der **yPod** enthält Audioanleitungen für Yogaprogramme, um sie zuhause auf dem PC oder unterwegs auf dem Smartphone/iPhone/iPad/ iPod als persönlichen Trainer nutzen zu können. Das Besondere dabei ist eine Verdichtung auf 12 essenzielle Yogabausteine, die mithilfe von Wiedergabelisten zu maßgeschneiderten Programmen für den Arbeitsalltag kombiniert werden können (siehe Kapitel 11 und 12 und yPod-CD).

Ein umfangreicher Praxisteil enthält unter dem Titel „Yoga-Selfware" Übungsprogramme zum Stressausgleich (siehe Kapitel 13), für Fitness und Wellness (siehe Kapitel 14) und für die Energiezentren (siehe Kapitel 15). Die darin verwendeten systematischen Bezeichnungen für Yogaübungen verweisen auf einen reichhaltigen Übungsfundus für Körper, Energie und Geist (siehe Kapitel 16). Dieser ist in Form von ausdruckbaren Karteikarten auch auf der yBox-CD enthalten (siehe Kapitel 9 und 10).

Zielgruppe der „Business Yoga Sutras" sind Interessierte sowohl aus der Welt des Business als auch aus der Welt des Yoga. Mein Anliegen ist, Ihnen ein kompaktes und inspirierendes Bild von den kreativen Anwendungsmöglichkeiten des Business Yoga zu vermitteln.

Mein besonderer Dank gilt dabei Stefan Schmid (www.klavierundkunst.de) für seine treffenden Kalligraphien auf den Deckblättern der einzelnen Kapitel. Die chinesische Schriftkunst entstammt zwar einem anderen Kulturkreis als Yoga, aber einem ähnlichen Geist wie die Sutras, nämlich dem Wunsch nach Verdichtung auf das Wesentliche in einer klaren und ansprechenden Form.

Ich danke dem Direktor der AOK Freising Heinrich Hecht für die Möglichkeit, auf seine Einladung hin immer wieder Führungskräften und Leistungsträgern aus verschiedenen Unternehmen neue Anwendungsmöglichkeiten des Business Yoga präsentieren zu können und ihr Feedback einzuholen. Dem Leiter des Betrieblichen Gesundheitsmanagements am Münchner Flughafen Willy Graßl danke ich für seine Impulse zur Entwicklung des persönlichen Yogatrainers auf dem yPod und die Möglichkeit, ihn mit zahlreichen Mitarbeitern zu pilotieren.

Die deutschen Übersetzungen für einige Zitate aus Patanjalis „Yoga Sutras" sind dem Buch „Die Yogaweisheit des Patanjali für Menschen von heute" von Sukadev Volker Bretz (Lit. 1) entnommen. Ihm als Gründer von Europas größter Yoga Ausbildungsorganisation danke ich besonders für sein Vorwort aus der Sicht von Business und Yoga.

„Yoga ist das Zur-Ruhe-Bringen der Gedanken im Geist."
(Patanjali, Yogasutra 1.2)

1
Business Yoga

Brücke zwischen Tradition und Moderne

- Business-Yoga macht aus dem **MBA** („Master of Business Administration") einen dynamischen „**Master of Balance**"

- Business Yoga hilft nicht nur das Business erfolgreich zu managen, sondern auch **sich selbst**. Dazu gehört besonders auch ein wirksames **Stressmanagement**

- „**Drei P**" markieren die Achse von einem defensiven zu einem offensiven Stressmanagement:

  □ Erstes P ist die Linderung typischer **Probleme** und Beschwerden, die chronischer Stress mit sich bringt

  □ Zweites P ist die vorbeugende Erhöhung der Stresstoleranz durch **Prävention**

  □ Drittes P ist das Verlassen der Stressdefensive durch persönliche **Potenzialentwicklung**, um sich zunehmend in eine Position der Stärke zu bringen

- Business Yoga bietet für alle drei P **maßgeschneiderte Programme** und ist damit eine effektive „**Toolbox**" zum Stressmanagement

- Yoga ist eine in Jahrtausenden bewährte und **elementare** Praxis, Körper und Geist gesund und leistungsfähig zu erhalten oder wieder zu machen. Sie ist enorm vielseitig und **flexibel** für die verschiedensten Bedürfnisse und daher in den letzten Jahren immer beliebter geworden

- Das Besondere am Yoga ist die Verbindung von **Geist und Körper**, was auch dem Wortsinn von Yoga entspricht, denn „Yoga" bedeutet Verbindung, Einheit, Harmonie

- Weil Stress ein **psychosomatisches** Phänomen darstellt, das Geist und Körper betrifft, empfiehlt sich ihre Verbindung im Yoga zum effektiven Stressausleich

- Im **Hatha**-Yoga steht ein weiterer wesentlicher Aspekt des Stressmanagements im Vordergrund, nämlich das Wechselspiel von Anspannung (Ha) und Entspannung (Tha), die Aktivierung und Regenerierung von Energie durch das sympathische bzw. parasympathische Nervensystem

- Business Yoga schlägt damit eine Brücke zwischen der alten Tradition des Yoga und aktuellen Bedürfnissen des modernen Wirtschaftslebens

„Der Geist wird klar durch die Entwicklung von Freundlickeit,
Mitgefühl, Heiterkeit und Gleichmut ..."

(Patanjali, Yogasutra 1.33)

2
Stressmanagement

Navigation im Flow-Korridor

- Stressmanagement ist eine **Gratwanderung** im persönlichen „Flow-Korridor". Sie zielt auf ein fließendes Gleichgewicht zwischen persönlichen Herausforderungen und Ressourcen
- Dieses ist nach Csikszentmihalyi Voraussetzung für **„Flow"**, ein erfüllendes Aufgehen im Tun (Lit. 2)
- Der „Flow-Korridor" verläuft an der Grenze zwischen der ersten und zweiten Stufe der biologischen **Stressreaktion**

- Die **erste („kontrollierbare") Stufe** der Stressreaktion versetzt Geist und Körper in die Bereitschaft, Herausforderungen anzugehen (Lit. 3)
  - ☐ Sie führt nach ihrer Bewältigung zum Erfolgserlebnis und zum Ausbau unterstützender neuronaler Verknüpfungen
  - ☐ So fördert sie durch Fordern

- Die **zweite („unkontrollierbare") Stufe** der Stressreaktion tritt ein, wenn die erste Stufe zur Bewältigung der Anforderungen nicht ausreicht
  - ☐ Sie wird begleitet von Gefühlen der Überforderung und Ohnmacht
  - ☐ Länger andauernd beeinträchtigt sie Grundfunktionen der Selbst- und Arterhaltung
  - ☐ Sie führt zu Denkblockaden, Schwächung von Immunsystem und Sexualität, Schlafstörungen usw. bis hin zum Burn-out
  - ☐ So erzeugt sie Anpassungsdruck, um eine Wiederherstellung der Balance zwischen Anforderungen und Ressourcen zu erzwingen

- **Chronischer Stress** ist nach dem „Trierer Inventar für chronischen Stress" (TICS) der Universität Trier eine dauerhafte Unstimmigkeit zwischen Anforderungen und Ressourcen
  - ☐ Im **Arbeitskontext** entsteht sie durch quantitative Überlastung, qualitative Überforderung, Erfolgsdruck oder Unzufriedenheit
  - ☐ Im **Sozialkontext** geht sie mit sozialer Überlastung, Isolation

oder Spannungen einher sowie mit Mangel an Anerkennung

☐ Als zusätzlich belastendes **Persönlichkeitsmerkmal** kommt oft chronische Besorgnis hinzu

- **Burn-out** durch chronischen Stress macht Schlagzeilen als Volkskrankheit. Er resultiert aus einem dauerhaft unbalancierten „Verbrennen" von **Ressourcen** und ist ein Phänomen des modernen Lebens im Kleinen wie im Großen

- Im Großen überhitzt „Klima-Burnout" die Atmosphäre und „Finanz-Burnout" bedroht die westlichen Staatshaushalte

- Ein nachhaltig balancierter Umgang mit Ressourcen ist der größte **Engpass** im modernen Leben und eine der wichtigsten Herausforderungen für Gegenwart und Zukunft

„Aus Zufriedenheit gewinnt man unübertroffenes Glück."

(Patanjali, Yogasutra 2.42)

3
Work-Life-Balance

Gleichgewicht im "Work-Life-Tree"

- Work-Life-Balance strebt nach Ausgewogenheit aller **Lebensbereiche**, insbesondere im Verhältnis zum Arbeitsleben
- „**Work-Life-Tree**" dient hierbei als Modell zur Selbstreflexion anhand einer Baumstruktur. Diese gliedert sich in die drei Ebenen: Krone, Stamm und Wurzeln des Baumes

  - Die **Krone** trägt möglichst üppige Früchte sowohl auf der Seite des Berufslebens wie auch auf der Seite des Privatlebens. Sie sollte auf beiden Seiten gut entwickelt sein und ein „Rundes Ganzes" ergeben
  - Der **Stamm** muss kräftig sein, um eine prächtige Krone tragen zu können. Er steht für die eigene Persönlichkeit, die mit ihren Stärken und Schwächen das Agieren im Privat- und Berufsleben prägt
  - Die **Wurzeln** sind erforderlich, um ihn mit Saft und Kraft zu versorgen und ihn auch in stürmischen Zeiten aufrecht zu halten. Sie stehen für Gesundheit und Leistungsfähigkeit von Körper und Geist

- Im Sinne des Sprichworts „Water the roots and enjoy the fruits" setzt **Yoga** an den Wurzeln des Baumes an, um eine ausgewogene Entfaltung von Stamm und Krone zu unterstützen
- Die drei Ebenen der Baumstruktur lassen sich in **sieben Felder** für das „Überwachungsradar" des persönlichen Stressmanagements einteilen
- An den **Wurzeln** des Baumes geht es um einen „Lifestyle of Health and Sustainability" (Feld 1). Dieser beinhaltet geeignete Formen der Bewegung, Ernährung, Entschlackung und Entspannung
- Im Stamm geht es um Persönlichkeit und um berufliche und private Kommunikation
  - Die **Persönlichkeit** (Feld 2) ist mit ihren Einstellungen und Prägungen die zentrale Schaltstelle für die Wahrnehmung und Bewältigung von Stress

- ☐ Eine gute **berufliche Kommunikation** (Feld 3) kann fast aus jeder Not die Tugend einer verbindenden Herausforderung machen, eine schlechte fast aus jeder Kleinigkeit eine Katastrophe
- ☐ Das gilt auch für die private **Kommunikation** (Feld 4). In Zeiten besonderer beruflicher Anspannung ist sie entscheidend für Verständnis und Unterstützung im privaten Umfeld

- In der **Krone** geht es um Stressprävention im Beruf, Privatleben und in der Selbstorganisation
  - ☐ Das Arbeitsleben (Feld 5) benötigt dazu angemessene Prozesse und Strukturen
  - ☐ Im Privatleben (Feld 6) gilt es die unterschiedlichen Bedürfnisse auf einen Nenner zu bringen
  - ☐ Eine effiziente Selbstorganisation (Feld 7) erfordert geeignete Formen von Zeitmanagement, Ablagestrukturen usw.

- Diese sieben Felder bilden eine **Kette** von Abhängigkeiten, die unter Stress an jeder Stelle reißen kann und dabei im schlimmsten Fall den ganzen Baum ins Wanken bringt
- Regelmäßige **Zwischenbilanzen** (engl. „balance"), machen deutlich, wo die „Ampel auf Grün, Gelb oder Rot steht" und wo daher die Aufmerksamkeit liegen sollte, um insgesamt die „Balance" zu verbessern
- Im Business-Yoga liegt eine Anreicherung der Yoga-Techniken durch Aspekte des **Stressmanagements** nahe
- Dies bedeutet auch eine Ausdehnung der **Aufmerksamkeit** von sich selbst auf das persönliche Umfeld im Privat- und Arbeitsleben
- Geschieht dies mit einer Rahmenstruktur wie im Work-Life-Tree, dann ergeben sich dadurch auch Berührungspunkte mit der **Organisations- und Personalentwicklung** in Unternehmen (Felder 2,3,5,7)

„Übung ist ständige Bemühung um die Ruhe des Geistes."
(Patanjali, Yogasutra 1.13)

4
Yoga Selfware

Basisdisziplin für Körper und Geist

■ Yoga ist ein mächtiger **Werkzeugkasten** für Körper, Energie und Geist.
Er enthält eine Vielfalt von Übungen mit gezielt anwendbarer Wirkung:

☐ **Körper**-Übungen sind wohltuend für Bewegungsapparat und
Organe (→ der Bewegungsapparat steht in der Krankschrei-
bungsstatistik nach wie vor an erster Stelle)

☐ **Geistes**-Übungen fördern sowohl mentale Funktionen wie Ge-
dächtnis, Konzentrations- und Aufnahmevermögen als auch
psychisches Wohlbefinden wie Klarheit und Gelassenheit
(→ die Krankheitstage aufgrund psychischer Erkrankungen
habe sich seit 1997 mehr als verdoppelt)

☐ **Energie- und Entspannungs**-Übungen heben das Energie-
niveau und unterstützen einen blockadefreien Energiefluss
(→ dies ist eine wichtige Voraussetzung für körperlich-geistige
Gesundheit und Leistungsfähigkeit)

■ Mit diesen Übungen als Bausteinen lassen sich je nach Bedürfnis gezielt
Yoga-**Programme** zusammensetzen, z.B. für die „**drei P**" des Stress-
Managements, um Stress bedingte **P**robleme zu lindern, ihnen **p**räventiv
vorzubeugen oder um „offensiv" **P**ersönlichkeitspotenziale zu entwickeln

☐ Typische **stressbedingte Probleme** sind etwa Schmerzen im
Rücken und Nacken, Bluthochdruck oder Schlafstörungen

☐ Geeignete Zeitpunkte zur **Prävention** finden sich am Morgen,
am Arbeitsplatz, am Feierabend und zum Einschlafen, um an
diesen Stationen des Arbeitstages Stresstoleranz und Stressab-
bau zu fördern

☐ Energieaufbau vor der Arbeit fördert die Stresstoleranz. Nach
der Arbeit baut ein Wechselspiel von Anspannung und Entspannung Stress ab. Und am Arbeitsplatz bietet sich eine Mischung
aus beidem an

- ☐ Typische **Persönlichkeitspotenziale** haben mit dem Energie-Modell des Yoga zu tun. Es definiert sieben elementare Energiezentren mit korrespondierenden Persönlichkeitsqualitäten wie Durchsetzungskraft, Einfühlungsvermögen, Ausdrucksstärke oder Einsichtsvermögen (siehe Kapitel 7). Diese können mit Yogaübungen quasi als „Rohdiamanten" gezielt angesprochen werden. Ihr inhaltlicher Schliff ist Thema der Personalentwicklung

- Auf dieser Basis lassen sich je nach Bedürfnis gezielt **Übungsmodule** zusammensetzen und als solche in thematisch orientierten Kursen oder Seminaren verwenden

- Anspielend auf Software-Programme, die Computerfunktionen für unterschiedliche Anwendungsziele kombinieren, kann man bei Yoga-Programmen von „**Selfware**" sprechen, die dem Selbstmanagement dient – daher der Titel dieses Abschnitts

- Die **Wirkungen** des Yoga waren mittlerweile Gegenstand zahlreicher Studien und die moderne Technik bietet dem Praktizierenden durch inzwischen recht kostengünstige Mess- und Auswertungsgeräte auch ein direktes Biofeedback an. Folgendes sind Beispiele dafür
  - ☐ Die **Herzratenvariabilität** erlaubt Rückschlüsse auf Stressbelastung, Fitness und Energiestatus insgesamt
  - ☐ Der **Hautleitwert** gibt Auskunft über Entspannungstiefe
  - ☐ **Sauerstoffkonzentration** im Blut und **Herzfrequenz** verdeutlichen u.a. aktivierende und beruhigende Wirkungen von Atemübungen

- So lassen sich durch moderne Wissenschaft und Technik die Ansätze der alten Yoga-Tradition immer besser nachvollziehen und **objektivieren**

- Durch seine vielfältige und gezielte Wirksamkeit empfiehlt sich Yoga als eine Art „**Basisdisziplin**" für Stressmanagement und betriebliche Gesundheitsförderung

„Durch die Übung der verschiedenen Stufen des Yoga verschwinden die
Unreinheiten und das Licht des Wissens erstrahlt..."

(Patanjali, Yogasutra 2.28)

5
Yoga Essenzen zur Selbstentfaltung

(Selbst-) Managementextrakt des Yoga

- **Yoga-Essenzen zur Selbstentfaltung** – kurz **YES** – streben eine einfach praktikable und doch wirkungsvolle **Verdichtung** des Yoga auf wesentliche Aspekte des Stressmanagements an

- Diese **wesentlichen Aspekte** leiten sich aus dem Vergleich unserer Persönlichkeit mit einem Sportwagen ab, der erfolgreich an der Business-Rallye teilnehmen will. Der Vergleich geht zurück auf den indischen Yogameister Swami Vishnu-devananda (1927-1993), einem Pionier zur Verbreitung des Yoga im Westen (Lit. 4)

- Demnach braucht es dazu vor allem **vier Komponenten**: ein robustes Fahrgestell, einen dynamischen Motor, eine ihm angemessene Kühlung und ein verlässliches Navigationssystem

  - Ein robustes **Fahrgestell** entspricht einem gesunden und belastbaren Körper. Er wird im Yoga durch **Körper**-Übungen(Asanas) in Schuss gehalten

  - Ein dynamischer **Motor** entspricht einem kraftvollen Energiesystem. Er wird im Yoga durch **Atem**- und sonstige **Energie**-Übungen (Pranayama) angeregt

  - Eine angemessene **Kühlung** entspricht ausreichender Entspannung, um Überhitzung bzw. Burn-out zu vermeiden. Sie wird im Yoga durch **Entspannungs**-Übungen (z.B. in Savasana) sichergestellt

  - Ein verlässliches **Navigationssystem** entspricht sogar wörtlich einer Richtung gebenden **inneren Stimme** durch ein gutes Gespür für sich selbst. Es wird im Yoga mithilfe von **Geistes- und Meditations**-Übungen kultiviert (Schwerpunkt des Raja-Yoga zur Geisteskontrolle)

- Einem ausgewogenen Wechselspiel von Anspannung (Ha) und Entspannung (Tha) kommt im Hatha-Yoga eine besondere Bedeutung zu

- Durch die Verbindung von Geist und Körper, um die es im Yoga geht, werden sogar Körperübungen zu einer Art Meditation, welche das Gespür für sich selbst verbessern
- Gespür für sich ist eine **Schlüsselkompetenz** im Stressmanagement. Es unterstützt die erfolgreiche Navigation im persönlichen „Flow-Korridor", mit dem Ziel eines begeisterten Engagements und mit einem förderlichen Verhältnis zwischen Herausforderungen und Ressourcen
- Yoga unterstützt im Sportwagenvergleich ein „**Tuning**" der Persönlichkeit auf den vier genannten Ebenen – nicht nur im Sinne von Auffrisieren, sondern auch als „**Stimmen**" des eigenen Instrumentariums
- Durch Fokus auf Übereinstimmung mit den tieferen Schichten der Persönlichkeit geht es nicht nur um Stressmanagement, sondern auch um **Selbstentfaltung**, wie in der Wortbedeutung von YES ausgedrückt
- Wichtige Eckpfeiler der Selbstentfaltung sind **Selbstbewusstsein** für die eigene Persönlichkeits- und Wesensstruktur mit ihren Licht- und Schattenseiten, **Selbstannahme**, insbesondere von unverrückbaren Einschränkungen, und **Selbstverantwortung**, um das Machbare an Entwicklung zu machen. Sie werden im Yoga besonders durch Meditations-, Entspannungs- bzw. Energieübungen unterstützt
- Für ein einfaches und dennoch wirkungsvolles Tuning von Fahrgestell, Motor, Kühlung und Navigationssystem im Alltag gibt es für jede dieser vier Komponenten drei **YES-Praxisbausteine**
- Je einer davon ist eher stresspräventiv, energetisierend oder fokussierend, und alle zwölf dauern in der Regel je fünf Minuten. Sie sind **einfach** und ohne besondere Ansprüche auszuführen
- Aus diesen Bausteinen setzen sich **YES-Praxisprogramme** für die wichtigsten Stationen des Arbeitstages zusammen

  - Am **Morgen** aktivieren Körper-, Atem- und Meditations-Bausteine alle Komponenten des „Sportwagens" für den Arbeitstag (10 bis 15 Min.)

- Am **Arbeitsplatz** erlauben Rücken-, Atem- und Meditations-bausteine Körper und Geist zu entspannen oder anzuregen (5 -10 Min)
- Am **Feierabend** dienen vor allem Körper- und Entspannungs-Bausteine dazu, Anspannung abzubauen, evtl. ergänzt durch Meditation, um den Geist zu beruhigen (10 bis 15 Min.)
- Zum **Schlafengehen** helfen Atem-, Entspannungs- und Medi tations-Bausteine, Geist und Körper ganz zur Ruhe zu bringen (5 -10 Min)

- Um eine möglichst einfache Nutzung im Alltag zu erlauben, stehen für die Praxisbausteine gesprochene Übungsanleitungen als **MP3-Audio-dateien** zur Verfügung. Die daraus kombinierten Praxisprogramme sind als vordefinierte **Wiedergabelisten** realisiert (siehe auch Kap.11)
- Die vordefinierten YES-Programme können des weiteren durch Wie-dergabelisten für **individuelle Praxisprogramme** ergänzt werden
- Die YES-Grundbausteine und Programme sind quasi ein „(Selbst)-**Ma-nagement-Extrakt**" des Yoga für Führungskräfte und Leistungsträ-ger. Moderne technische Unterstützung eröffnet ihnen dazu im Alltag einen einfachen Zugang mit besonderer Aufwandsökonomie

„Vollkommenheit des Körpers ist Schönheit,
Anmut, Kraft und diamantene Festigkeit."

(Patanjali, Yogasutra 3.47)

6
Praxisergänzungen zum Yoga

i-Tüpfelchen zur Basisdisziplin

■ Bei **Praxisergänzungen** zum Business Yoga als Basisdisziplin geht es um einen „Lifestyle of Health and Sustainability" und eine günstige Aufwandsökonomie

    □ Für einen "**Lifestyle of Health and Sustainability**" ist wichtig, dass die Bestandteile dieses Lebensstils möglichst gut den persönlichen Neigungen und Randbedingungen entgegenkommen

    □ **Aufwandsökonomie** ist im Businessumfeld ein ständig mitschwingendes Kriterium und auch für die persönliche Übungspraxis kommt es auf ein günstiges Verhältnis von Zeitaufwand und Nutzenwirkung an

■ Unter diesen Gesichtspunkten ist nicht nur eine Verdichtung von Yoga im Sinne von YES interessant, sondern gegebenenfalls auch eine Ergänzung um weitere Praxiselemente, die mit **Wohlbefinden** verbunden und besonders **zeiteffizient** sind

■ Dazu werden im Folgenden einige Beispiele für Energie aktivierende Geräte gegeben, deren Wirkungsprinzipien dem Yoga nahestehen. Es geht dabei um die Anregung von Reflexzonen, Körperoberfläche und Zellen im Körperinneren

    □ Die **Reflexzonen** an Händen und Füßen sind mit inneren Organen verbunden. Sie können u.a. über Fußroller, Igelbälle und QiGong-Kugeln wohltuend stimuliert werden

    □ Die **Körperoberfläche** von Haut und Bindegewebe lässt sich mithilfe von Hautbürsten und -rollern anregend massieren. Besonders angenehm sind Kopf- und Rückenkrauler bei einer Partnermassage. Wechselduschen erzeugen wie im Hatha-Yoga ein Wechselspiel von Anspannung und Entspannung

☐ **Zellen im Körperinneren** können über Vibrationen erreicht werden. Diese verbinden in sich nach dem Hatha-Prinzip gleichzeitig Aktivierung und Entspannung. Möglichkeiten dazu bieten u.a. Klangvibrationen z.B. von Klangschalen oder Klangkugeln. Durch besondere Effizienz zeichnen sich Vibrationsplatten und Trampolinspringen aus. Letzteres alterniert zwischen schwereloser Entspannung am Höhepunkt und Kompression am Tiefpunkt der Sprungbewegung. Davon profitieren alle Körperzellen, im Bewegungsapparat, in den Organen und besonders auch im Gehirn

■ Durch ihre Verwandtschaft hinsichtlich der Wirkungsprinzipien können solche Praxisergänzungen als bereichernde „i-Tüpfelchen" für die Yoga-Basisdisziplin fungieren

„Direkte Wahrnehmung, Schlussfolgerung und Aussagen
anderer führen zu rechtem Wissen."

(Patanjali, Yogasutra 1.7)

7
Modelle zur Selbstreflexion

Landkarten für das innere Navigationssystem

- Modelle zur Selbstreflexion unterstützen das „**Selbst-Bewusstsein**" als Kernkompetenz zur Navigation im persönlichen Flow-Korridor, also die zentrale Aufgabe des Stressmanagements
- Sie fördern ein realitätsnahes Verständnis der eigenen **Persönlichkeit** mit ihren Wesensmerkmalen, Licht- und Schattenseiten

  - ☐ **Schattenseiten** wie Ängste oder Burn-out schienen bislang mit dem Offiziersethos eines „Business Officers" nicht verträglich. Doch durch ihre drastische Zunahme in den Krankheitsstatistiken lassen sie sich nicht länger verdrängen
  - ☐ **Angststrukturen** werden in den frühen Lebensphasen geprägt und bilden ein Einfallstor für unkontrollierbare Stressreaktionen und chronischen Stress. Persönliches Wachstum und Stressmanagement machen eine aktive Auseinandersetzung damit unumgänglich
  - ☐ **Lichtblicke** eröffnen sich durch die Antriebs- und Unterstützungskräfte der Selbstentfaltung. Sie führen uns laut der Maslowschen Bedürfnispyramide von elementaren Antrieben der Selbst- und Arterhaltung über solche nach sozialer Anerkennung bis hin zur Sinn- und Selbstverwirklichung (Lit. 5)
  - ☐ Persönliche **Visionen und Werte** für ein „Total Quality of Life Management" erfordern eine Auseinandersetzung mit den Fragen „Wer bin ich" und „Was will ich aus meinem Leben machen", zentrale Lebensfragen auch im Yoga

- Als **Yoga-unabhängige** Modelle zur Reflexion von Entwicklungsaspekten, Licht- und Schattenseiten der Persönlichkeit seien hier beispielhaft die neun Typen des „Enneagramms" genannt (Lit. 6) oder von Hasselmann / Schmolke die jeweils sieben „Archetypen der Seele" (Lit. 7) und die „Archetypen der Angst" (Lit. 8)

- Ein **Yoga-spezifisches** Modell zur Selbstreflexion von Entwicklungs-aspekten, Licht- und Schattenseiten der Persönlichkeit ergibt sich aus dem **Energiemodell des Yoga**

- Nach diesem Modell gibt es **sieben Energiezentren**: Im Beckenboden, Unterbauch, Oberbauch, Brust, Hals, Kopf und Scheitel. Diese Ener-giezentren sind mit spezifischen Komponenten des Organ-, Drüsen- und Nervensystems verbunden und können über die jeweilige Körper-region angeregt werden oder auch mental mithilfe von Farb- oder Klangsymbolen und Affirmationen (Lit. 9)

- Die unteren sechs Zentren lassen sich zunächst vereinfacht drei **Haupt-ebenen** zuordnen mit je einem dynamischen und einem sensitiven Energiezentrum, die ausgewogen zusammenwirken sollten:

  ☐ Die **vitale** Ebene mit dem Beckenboden als dynamischem und dem Unterbauch als sensitivem Zentrum ist in der Maslowschen Bedürfnispyramide für die elementaren Bedürfnisse der Selbst- und Arterhaltung zuständig. Das dynamische Zentrum drängt auf Erfüllung der körperlichen und materiellen Grundbedürf-nisse und das sensitive signalisiert, was diesbezüglich gut tut und was nicht (Lust-/Unlust-Prinzip)

  ☐ Die **soziale** Ebene mit dem Oberbauch als dynamischem und dem Brustraum als sensitivem Zentrum ist in der Maslowschen Bedürfnispyramide für soziale Anerkennung zuständig. Das dynamische Zentrum unterstützt Durchsetzungs- und Willens-kraft, das sensitive spürt einfühlend, was sozial angemessen ist, und sorgt für mitmenschliche Verbindung

  ☐ Die **mentale** Ebene mit dem Hals als dynamischem und dem Kopf als sensitivem Zentrum ist für kreativen Ausdruck und Einsichtsvermögen zuständig. Das dynamische Zentrum sorgt für Ausdrucks- und Überzeugungskraft, auch für künstlerische

Originalität, das sensitive für intellektuelle und intuitive Einsicht sowie für Fantasie

☐ Das **oberste** Zentrum in der Scheitelregion korrespondiert mit den dynamischen Bedürfnissen nach Sinn- und Selbstverwirklichung an der Spitze der Maslowschen Bedürfnispyramide

■ Berücksichtigt man dann, dass sich die Hauptebenen energetisch **überlappen**, ergibt sich als noch einfacheres Modell mit drei ineinander greifenden Ebenen:

☐ **vitale** Ebene: Beckenboden, Unterbauch und Oberbauch
☐ **soziale** Ebene: Oberbauch, Brustraum und Hals
☐ **mentale** Ebene: Hals, Kopf und Scheitel

■ Auf jeder dieser Ebenen wird dann ein sensitives Zentrum in der Mitte von je einem dynamischen Zentrum darüber und darunter eingerahmt
■ Eine erste **Prägung** der persönlichen Energieausstattung erfolgt für die unteren sechs Zentren in den Phasen der Kindheit und Jugend schrittweise von unten nach oben. Die im obersten Zentrum angestrebte Sinnverwirklichung ist Gegenstand des ganzen Erwachsenenlebens. Eventuelle Entwicklungsstörungen können für das weitere Leben Unter- oder kompensatorische Überfunktionen der betroffenen Zentren nach sich ziehen und prägen so ein persönliches **Energieprofil**
■ Dieses Energieprofil korrespondiert mehr oder weniger mit beruflichen **Anforderungsprofilen** z.B. an Führungskräfte, Kommunikations- oder Expertenrollen. Eine Selbstreflexion zu den eigenen Stärken und Schwächen ist daher nützlich für eine erfolgreiche Navigation im persönlichen Flow-Korridor

„Durch die Reinheit entstehen geistige Klarheit, heiteres Gemüt,
Konzentrationsfähigkeit, Kontrolle der Sinne und Eignung für die
Verwirklichung des Selbst."

(Patanjali, Yogasutra 2.41)

8
GEM: Ganzheitliches Energiemanagement

„Schatzkiste" für den nächsten „Kondratieff"

- Yoga als Basisdisziplin (siehe Kap. 4) mit der Möglichkeit einer Verdichtung auf Essenzen zur Selbstentfaltung (siehe Kap. 5) und der Ergänzung um verwandte Praxiselemente (siehe Kap. 6) ist zusammen mit Modellen zur Selbstreflexion (siehe Kap. 7) eine gute Plattform für ein **ganzheitliches Energiemanagement (GEM)**

- Dies ist als Antwort auf die „**brennende**" Frage unseres modernen Lebens hilfreich, wie wir genug Energie erzeugen können ohne dabei **auszubrennen**

- Sie stellt sich auf individueller Ebene für die **Burn-out**-Prävention und auf globaler Ebene für den Klimaschutz. Ein nachhaltiger Umgang mit Ressourcen im Allgemeinen und Energie im Besonderen ist zum größten Engpass für die moderne Wirtschaft und Gesellschaft geworden

- Der russische Volkswirt Nikolaj Kondratieff (1892 bis 1938) hat sich in seiner Theorie **langer Wirtschaftszyklen** mit deren Abhängigkeit von Engpässen und darauf reagierenden **Basisinnovationen** beschäftigt

- Ausgehend von seinen Arbeiten lassen sich seit Ende des 18. Jahrhunderts fünf „**Kondratieff-Zyklen**" von 40 bis 60 Jahren Dauer identifizieren (Lit. 10):

  □ Basisinnovation des **ersten** Zyklus war die Erfindung der **Dampfmaschine**. Sie reagierte auf die Knappheit mechanischer Energie zum Antrieb von Spinnrädern und zur Entwässerung von Bergwerken

  □ Basisinnovation des **zweiten** Zyklus war der Bau von **Eisenbahnen** als Reaktion auf die Knappheit von Transportmitteln für Rohstoffe, Waren und Personen

  □ Basisinnovation des **dritten** Zyklus war der **elektrische Strom** als besser dosierbare und transportierbare Form von Energie, besonders auch für die Stahlindustrie und die aufkeimende chemische Industrie

□ Basisinnovation des **vierten** Zyklus war die Massenproduktion von **Automobilen** mit Verbrennungsmotoren und Erdölenergie, als Grundlage für individuelle Mobilität

□ Basisinnovation des **fünften** und derzeit auslaufenden Zyklus war die Erfindung des **Computers** als Grundlage für dramatische Effizienzsteigerungen in der Informationsverarbeitung und für die Automatisierung von Prozessen

■ Historisch und aktuell sind die Übergangsphasen zwischen zwei Zyklen durch **Krisenphänomene** gekennzeichnet, wie sie sich in den letzten Jahren auch in Form von Wirtschafts- und Finanzturbulenzen zeigten

■ Die Basisinnovationen für den **nächsten** Kondratieff-Zyklus werden auf die gravierenden Engpässe im globalen Energie- und Ressourcenmanagement reagieren müssen, inklusive des Gesundheitsmanagements

■ Ein ganzheitliches Energiemanagement (GEM) mit Yoga als Basisdisziplin kann dazu als „Schatzkiste", als **GEM-Box**, dienen

„Die Asana (Körperhaltung) soll fest und bequem sein."

(Patanjali, Yogasutra 2.46)

9
Business Yoga Übungssystem „yBox"

auf beiliegender yBox-CD
mit Übungskarten und -programmen
zum Ausdrucken

- Die „**yBox**" ist ein systematischer Yoga-Karteikasten mit einer Vielfalt von Yogaübungen und daraus zusammengesetzten Übungsprogrammen. Sie verkörpert anschaulich den Toolbox-Charakter von Yoga

- Durch Erweiterung um ergänzende Energietechniken (siehe Kap. 6) und Modelle zur Selbstreflexion (siehe Kap. 7) wird sie eine **GEM-Box** zum ganzheitlichen Energie-Management (siehe Kap. 8)

- Die **Systematik** wird durch eine strukturierte Nummerierung der Karteiblätter abgebildet, welche auf ein alphabetisches Register und Kürzel für die unterschiedlichen Übungstypen Bezug nimmt

- Etwa 180 Karteikarten für **Yoga-Übungen** können von der beiliegenden **yBox-CD** ausgedruckt und in verschiedenen Registern abgelegt werden. Sie befinden sich auch als Anhang im Kapitel 16. Auf ihnen sind einzelne Übungen mit Variationen, Nutzenwirkungen und eventuellen Gegenanzeigen in Wort und Bild beschrieben

  - **Körperübungen**, die sitzend oder stehend und damit prinzipiell auch im Büro ausgeführt werden können, befinden sich in den Registern L bis N

  - **Körperübungen** für die **Yogamatte** sind in den Registern O bis T enthalten, sortiert nach Ausgangslage (Boden- oder Fersensitz, Bauch-, Rücken- oder Seitenlage,...)

  - Innerhalb der Lagen werden die Körperübungen unterschieden in **dynamische** Bewegungen und **statische** Haltungen. Diese werden in Untertypen gruppiert, je nachdem welcher Körperteil bei dynamischen Übungen bewegt wird bzw. um welche Art von Haltung es sich bei den statischen Übungen handelt (Umkehrstellung, Vor-, Rück-, Seitwärtsbeugen, Drehungen, Dehn- und Streckübungen, Kraft- und Gleichgewichtsübungen)

  - **Atemübungen** befinden sich im Register U mit Untergruppen für Grundübungen, beruhigende und anregende Atemübungen

  - Weitere **Energieübungen** - auch zur Kombination mit Atemübungen - befinden sich im Register V

- Register W enthält **Konzentrations-, Meditations- und Entspannungsübungen** als Untergruppen

■ Aus diesem Übungsfundus lassen sich unter Berücksichtigung yogischer Designprinzipien maßgeschneiderte **Übungsprogramme** je nach Ziel zusammensetzen

  - Register F enthält Programme zum **Stressausgleich**
  - Register G enthält Programme für **Fitness und Wellness**
  - Register H enthält Programme für die **Energiezentren**

■ Zum **Stressausgleich** stehen neben einem Programm mit Grundübungen folgende Übungsstunden zur Verfügung (siehe Fotoblätter in Kapitel 13)

  - **Gegen Stressbedingte Beschwerden**: Yoga gegen Verspannungen in Rücken und Nacken, gegen Bluthochdruck und gegen Energieblockaden in Bauch und Becken
  - **Zur Stressvorbeugung im Arbeitsalltag**: Yoga für den Morgen, für den Arbeitsplatz, für den Feierabend und zum Schlafengehen

■ **Der Fitness und Wellness** dienen neben einem allgemeinen Programm folgende Übungsstunden (siehe Fotoblätter in Kapitel 14)

  - **Für den Körper**: Yoga für Gelenke und Rücken, für Kreislauf und Kondition, für Muskeln und Spannkraft sowie für Beweglichkeit und für Gleichgewicht
  - **Für Geist und Energie**: Yoga um zur Ruhe zu kommen, um Energie zu aktivieren, und „Innehaltungen" für Körper und Geist

■ Für die sieben **Energiezentren** (siehe Kapitel 7) gibt es je eine Übungsstunde. Es wird dabei jeweils auf der körperlichen Ebene durch Visualisierung und durch inhaltliche Affirmation angesprochen (siehe Foto-blätter in Kapitel 15)

- Diese zusammen mehr als 25 Übungsstunden sind typische Beispiele für maßgeschneiderte **Yoga-Selfware®** (siehe Kapitel 4)

- Die yBox enthält für jede dieser Übungsstunden ein **Fotoblatt** mit den einzelnen Übungen und ihren systematischen Nummern. Diese verwei-sen auf die detaillierten Übungsbeschreibungen der zugehörigen Kar-teikarten (siehe auch Gebrauchsanweisung zur yBox-CD in Kapitel 10)

- Die yBox steht standardmäßig als **PDF-Datei** auf einer Daten-CD zur Verfügung (wie auf der beiliegenden yBox-CD). Bei einer ebenfalls möglichen Bereitstellung im **Powerpoint-Format** kann sie nach eige-nen Vorstellungen inhaltlich angepasst und weiterentwickelt werden, z.B. auch unter Verwendung eigener Fotos für die Übungsanleitungen. Diese Option ist besonders für Yogalehrer von Interesse

- Ebenfalls für Yogalehrende von Interesse ist die zur yBox gehörige Mini-Übungsdatenbank „**yBase**" im Excel-Format (ebenfalls auf der yBox-CD), um ihre Übungen gezielt nach Übungsart und Nutzenwirkungen selektie-ren zu können

  - Die **Übungsart** bezieht sich auf die oben genannten Übungs-typen sowie auf Lage und Schwierigkeitsgrad der Übung

  - Die **Nutzenwirkungen** sind auf körperlicher und geistig-ener-getischer Ebene zusammengefasst, ggf. mit einer Beschreibung, welche inneren Organe, Muskeln, Gelenke, Abschnitte der Wir-belsäule und Energiezentren durch die jeweilige Übung angespro-chen werden

- So können für **gezielte Yogaprogramme** die einschlägigen Übungen einfach recherchiert und sachkundig kombiniert werden (siehe auch Ge-brauchsanweisung zur yBox-CD in Kapitel 10)

10

Gebrauchsanleitung zur yBox-CD

yBox-CD

Übungsblätter der yBox
zum Ausdrucken (PDF)

yBase-Übungsdatenbank
zur yBox (Excel)

Gebrauchsanweisung
siehe Kapitel 10

Business Yoga Sutras

Dr. Hans Kugler

Die yBox-CD enthält folgende **Dateien**:

- **Als PDF-Datei**: die Übungsblätter der **yBox** zum Ausdrucken
- **Als Excel-Datei**: die **yBase**-Übungsdatenbank zur yBox

Die PDF-Datei der **yBox** enthält 222 Blätter im A4-Format zum Ausdrucken:

- mit je zwei identischen A5-Seiten pro A4-Seite zum **Auseinander-Trennen** - am besten mit einem Stapelschneider im Copyshop - in ein
  - ☐ Ein unveränderliches **Mutterexemplar**
  - ☐ Ein **Arbeitsexemplar** für Notizen
- am übersichtlichstem auf **farbigem** Papier für die vier Abschnitte, z.B.
  - ☐ Rot: **Einführung** (Seiten 1 bis 9)
  - ☐ Grün: **Übungsprogramme** (Seiten 10 bis 44)
  - ☐ Gelb: **Körperübungen** (Seiten 45 bis 180)
  - ☐ Blau: **Atem-/Energie- und Geistesübungen** (Seiten 181 bis 222)
- zum Einordnen der Seiten als Karteikarten in ein **alphabetisches Register** anhand ihrer systematischen Nummer, die mit dem Registerbuchstaben beginnt

Die **Excel**-Datei der **yBase**-Übungsdatenbank enthält für die ca. 160 Einzelübungen bzw. Übungsfamilien der yBox (→ **Zeilen** der Excel-Tabelle) differenzierte Angaben (→ **Spalten** der Excel-Tabelle) zur

- **Art** der Übung
  - ☐ **Grob**: Körper-, Atem-/Energie-, Geistes-/Entspannungsübung mit oder ohne **Matte**
  - ☐ **Fein**: Art der Stellung oder Bewegung
  - ☐ **Lage**: Stand, Sitz, Bauch- / Rücken- / Seitenlage, Knien,…
  - ☐ **Schwierigkeit**: einfach, fordernd, variabel,..

- **Nutzenwirkung** der Übung
  - ☐ **körperlich**: insgesamt
  - ☐ **geistig-energetisch**: insgesamt
  - ☐ **körperlich**: auf innere Organe
  - ☐ **körperlich**: auf Muskeln
  - ☐ **körperlich**: auf Gelenke
  - ☐ **körperlich**: auf Wirbelsäule
  - ☐ **geistig-energetisch**: auf die Energiezentren / Chakren

Durch die **Filterfunktion** von Excel können nach einem oder mehreren dieser Kriterien Übungen gezielt **ausgewählt** werden.

- Dazu werden in den Spaltenüberschriften der Excel-Tabelle durch Anklicken der jeweiligen Schaltfläche (→ rechts unten) Fenster mit den möglichen Auswahlwerten geöffnet und die gewünschten Werte angeklickt – zum Beispiel im Auswahlfenster für die Spalte zur körperlichen Wirkung „Kräftigung" (siehe ggf. auch Hilfefunktionen von Excel zu „Filtern")
- Daraufhin erscheinen in der Excel-Tabelle nur noch die betreffenden Übungen – im Beispiel also nur noch kräftigende Übungen
- Durch ihre systematische Nummer (→ erste Tabellenspalte) können im alphabetischen Register der yBox die entsprechenden Karteikarten mit ihren detaillierten Übungsbeschreibungen ausfindig gemacht werden

Auch eine inhaltliche Ergänzung und Bearbeitung der yBase-Übungsdatenbank in den Feldern der Excel-Tabelle ist möglich.

„Künftiges Leid sollte vermieden werden."

(Patanjali, Yogasutra 2.16)

11
Business Yoga Übungssystem „yPod"

auf beiliegender yPod-CD
mit Audiodateien und Wiedergabelisten
für MP3-Player

- Der „**yPod**" ist ein „Yoga-iPod" oder allgemeiner ein MP3-Player mit Audioanleitungen für Übungsstunden der yBox (siehe Kapitel 9) und/oder die Praxisprogramme von YES (siehe Kapitel 5), um sie zuhause auf dem PC oder unterwegs auf dem Smartphone/iPhone/iPad/iPod als „persönlichen Trainer" nutzen zu können

- Für die **Yogaprogramme der yBox** gibt es zur Übernahme auf den yPod Audio-CDs von je einer Stunde Dauer. Diese gliedern sich entsprechend den Abschnitten der Übungsstunde auf dem Fotoblatt in einzelne Stücke, um sie gezielt abspielen zu können (siehe Fotoblätter in Kapitel 13 bis 15).

- Die Audio-CDs können von www.yogaselfware.bandcamp.com aus dem Internet heruntergeladen werden. Dies ist gleichzeitig ein Beispiel dafür, wie moderne Internetdienste als Verkaufs- und Verteilungsplattformen für Business Yoga dienen können

- Um die **YES-Praxisprogramme** zu nutzen, müssen die 15 Übungsbausteine der Audio-CD auf den yPod übernommen werden sowie 20 darauf aufbauende Wiedergabelisten. Dies kann für Windows- und Apple-PCs sowie für mobile Apple-Endgeräte (iPhone, iPad, iPod) sehr einfach mithilfe von iTunes geschehen. Aber auch Android-Smartphones sind gut nutzbar (siehe Gebrauchsanweisung zur yPod-CD in Kapitel 12)

  ☐ Die 15 **Praxisbausteine** ergeben sich aus je einer stresspräventiven, energetisierenden und fokussierenden Übungsvariante für die Bereiche Körper, Entspannung, Atmung, Meditation und Workout

  ☐ 11 der 20 Wiedergabelisten realisieren Praxisprogramme für die **Stationen des Arbeitstages**: jeweils eine stresspräventive, energetisierende und fokussierende Variante für den Morgen, Arbeitsplatz und Feierabend sowie je eine sitzende und liegende Variante zum Schlafengehen

  ☐ 9 der 20 Wiedergabelisten realisieren **Intensivprogramme**: je eines für die Bereiche Körper, Entspannung, Atmung, Meditation und Workout, je eines für die stresspräventiven, energetisierenden und fokussierenden Übungsvarianten, sowie eines für alle Bausteine zusammen

- Diese vordefinierten Programme können durch **persönliche Wiedergabe-listen** der YES-Praxisbausteine ergänzt werden

- So dient der yPod als **persönlichen Yogatrainer** im Alltag. Er unterstütz mit modernen Mitteln die nachhaltige Integration von Business Yoga in einen persönlichen „Lifestyle of Health and Sustainability"

12

Gebrauchsanleitung zur yPod-CD

Diese Gebrauchsanleitung betrachtet als **mögliche MP3-Player:**

- **(A): iTunes** für Windows- oder Apple-**Computer** und ggf. daran angeschlossene Apple-Endgeräte (**iPhone, iPod, iPad**)
  Voraussetzung hierbei ist:
  - ☐ Ein Windows- oder Apple Computer mit einem **CD-Laufwerk**
  - ☐ Auf dem Computer **iTunes**
    (ggf. kostenfrei aus dem Internet herunterladen und installieren
    → ww.apple.com/de/itunes/download)

- **(B): Android-MusicPlayer** für ein **Android-Smartphone** (z.B. Samsung Galaxy). Voraussetzung hierfür ist:
  - ☐ Ein Computer mit einem **CD-Laufwerk**
  - ☐ Auf dem Smartphone eine **neuere** Version des Android-MusicPlayers (mindestens Version 6.0.1 → andernfalls vorab kostenfrei aus dem „Google Play Store" herunterladen und installieren)

(A): Zur Übernahme in **iTunes** auf einem Windows- oder Apple-Computer und evtl. weiter auf ein mobiles Apple-Endgerät (iPhone, iPod, iPad)

- Auf dem **Computer** iTunes aufrufen, die yPod-CD einlegen und von ihr
  - ☐ die **Audiodateien** (Anm: sie haben keine Ziffern im Namen) alle zusammen markieren und in die Mediathek importieren (dazu Pull-down-Menü: Ablage/Datei → zur Mediathek hinzufügen)
  - ☐ die **Wiedergabelisten** (Anm: sie haben eine Ziffer am Namensanfang) alle zusammen markieren und in die Mediathek importieren (dazu Pull-down-Menü: Ablage/Datei → zur Mediathek hinzufügen)

- Wenn die Dateien weiter auf ein **Apple-Endgerät** (iPhone, iPod, iPad) übertragen werden sollen
    - ☐ iPhone / iPod / iPad an Computer **anschließen** und
    - ☐ Mediathek **synchronisieren** → fertig ☺

(B): Zur Übernahme in den Android-MusicPlayer auf einem Android-Smartphone (über einen Computer mit CD-Laufwerk)

- **yPod-CD** in Laufwerk des Computers einlegen
- Android-Smartphone mit dem Computer verbinden (Kabel, Bluetooth, WLAN,…)
- Dateien von der yPod-CD in einen Ordner auf dem Smartphone **übernehmen**, z.B. „Music"
- Smartphone **aus- und einschalten**, damit der vorinstallierte Android-Music-Player die neu übernommenen Dateien automatisch erkennt
  → fertig ☺

Die yPod-CD enthält folgende Dateien zur Übernahme in einen MP3-Player auf einem PC, Smartphone oder einem mobilen Endgerät (iPad,iPod...)

■ **15 Audioanleitungen** für die Yogabausteine (→ sie sind leicht daran zu erkennen, dass ihr Name keine Ziffern enthält)

- ☐ Atem – aktivierend (5:44 Min.)
- ☐ Atem – ausgleichend (5:12 Min.)
- ☐ Atem – sammelnd (5:10 Min.)
- ☐ Entspannung durch Anspannung (5:00 Min.)
- ☐ Entspannung durch Spüren (7:00 Min.)
- ☐ Entspannung durch Suggestion (6:01 Min.)
- ☐ Körper – Bewegung (9:55 Min.)
- ☐ Körper – Gehirn (5:00 Min.)
- ☐ Körper – Rücken (7:30 Min.)
- ☐ Meditation – Energielenkung (5:19 Min.)
- ☐ Meditation – Selbstwahrnehmung (5:00 Min.)
- ☐ Meditation – Stille (5:00 Min.)
- ☐ Workout – Armschwünge (1:34 Min.)
- ☐ Workout – Balanceritt (1:26 Min.)
- ☐ Workout – Kreuzgang (1:09 Min.)

■ **20 Wiedergabelisten** für daraus zusammengesetzte Yogaprogramm (→ sie haben eine Ziffer am Namensanfang)

- ☐ 1 Morgen – energetisierend (9:55 Min.)
- ☐ 1 Morgen – fokussierend (5:00 Min.)
- ☐ 1 Morgen – stresspräventiv (5:12 Min.)
- ☐ 2 Arbeitsplatz – energetisierend (5:19 Min.)
- ☐ 2 Arbeitsplatz – fokussierend (5:10 Min.)
- ☐ 2 Arbeitsplatz – stresspräventiv (7:30 Min.)

- ☐ 3 Feierabend – energetisierend (9:55 Min.)
- ☐ 3 Feierabend – fokussierend (5:00 Min.)
- ☐ 3 Feierabend – stresspräventiv (7:30 Min.)
- ☐ 4 Schlafengehen – liegend (7:00 Min.)
- ☐ 4 Schlafengehen – sitzend (5:10 Min.)
- ☐ 5 Intensiv – Atem (5:12 Min.)
- ☐ 5 Intensiv – Entspannung (5:00 Min.)
- ☐ 5 Intensiv – Körper (9:55 Min.)
- ☐ 5 Intensiv – Meditation (5:19 Min.)
- ☐ 5 Intensiv – Workout (variabel)
- ☐ 5 Intensiv – energetisierend (9:55 Min.)
- ☐ 5 Intensiv – fokussierend (5:00 Min.)
- ☐ 5 Intensiv – stresspräventiv (7:30 Min.)
- ☐ 5 Intensiv – allround (9:55 Min.)

13

Praxis

Yoga-Selfware zum Stressausgleich

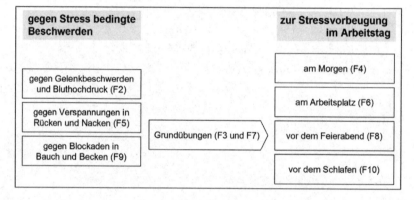

Nummern unter Bildern ->
Übungsblätter in Yogabox

Copyright: Dr. Hans Kugler, www.yogabiz.de

Nummerierte graue Felder
-> Stücke auf Übungs-CD

Yoga-*selfware* gegen Gelenkbeschwerden und Bluthochdruck (F2)

1

Entspannung

W-G3-3, U-A1-2

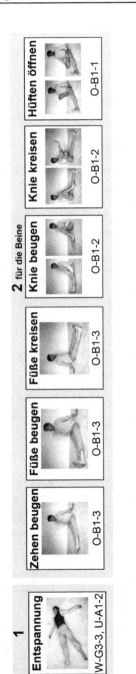

2 für die Beine

Zehen beugen
O-B1-3

Füße beugen
O-B1-3

Füße kreisen
O-B1-3

Knie beugen
O-B1-2

Knie kreisen
O-B1-2

Hüften öffnen
O-B1-1

3 für die Arme

Finger spreizen
M-B4-3

Hände beugen
M-B4-3

Fäuste kreisen
M-B4-3

Ellen beugen
M-B4-2

Schulterkreise
M-B3-5

4 für den Rücken

Vor & zurück
L-B2-1

Seitdrehung
L-B2-1

Seitbeuge
L-B2-1

5

Entspannung
W-G3-3

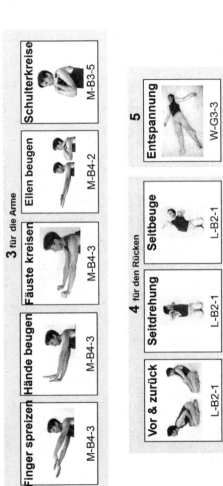

Yoga-selfware Grundübungen-1 (F3)

1 Beinhebungen
- mit 1 Bein — P-S6-2
- mit Halten — P-S6-2
- mit Anheben — P-S6-2

2 Entspannung — W-G3-3, U-A1-2
Sch-Stellung — P-S1-1

3 Umkehrstellungen
- ½ Sch-Stand — P-S1-3
- Schaukel — P-B0-3

4 Vorbeugen
- ½ Zange — O-S2-1
- schiefe Ebene — O-S7-2

5 Rückbeugen
- Entspannung — R-A-2
- ½ Kobra — R-S3-3
- ½ Heuschr. — R-S3-5
- Entspannung — S-A-2

6 Seitdrehung
- Drehsitz — O-S7-2

7 Seitbeugen & Streckung
- Dreieck — N-S4-1
- Schwingpalme — N-S6-1
- Palme — N-S6-1

8 Entspannung — W-G3-3

Copyright: Dr. Hans Kugler, www.yogabiz.de

Yoga-selfware für den Morgen (F4)

1 einfacher Sonnengruß (T-Z-3)

6 einatmen

5 ausatmen
4 einatmen
3 ausatmen
2 einatmen
1 ausatmen

7 ausatmen
8 einatmen
9 ausatmen.
10 einatmen
11 ausatmen

2 Körperaktivierung

Schaukel — P-B0-3

Wellenatem — U-A1-3

Bauchatem — U-A1-3

Entspannung — W-G3-3, U-A1-2

Boot — P-B0-1

3 Wechselatem — U-A1-4

4 Stoßatem — U-A3-2

5 Feueratem — U-A3-3

6 Schlussmudra — V-E3-2

57

Yoga-selfware für Rücken und Nacken (F5)

Nummerierte graue Felder
-> Stücke auf Übungs-CD

Nummern unter Bildern ->
Übungsblätter in Yogabox

1 Entspannung
- W-G3-3, U-A1-2

2 Beinzyklen
- Kniezug — P-S6-1
- Krokodil — P-S5-1
- Kniezug — P-S6-1
- Krokodil — P-S5-1

3 Schultern & Nacken
- Schultern — M-B3-4
- Nacken — M-B3-2
- Kreuzgang — N-B0-1

4 Aufwärmen

5 Bauchmuskeln
- gerade — P-B0-2
- diagonal — P-B0-2
- Entspannung — W-G3-3

6 Vorwärtsbeugen
- ½ Zange — P-B0-2
- Zange — P-B0-2
- Entspannung — R-A-2

7 Rückwärtsbeugen
- Boot diag. — R-S3-1
- Schlange — R-S3-2

8 Dehnen & Strecken
- Katze diag. — S-S6-2
- Psoas-Dehn. — S-S6-1
- Entspannung — N-A-1

9 Seitwärtsbeuge
- Dreieck — N-S4-1
- Palme — N-S6-1

Entspannung — S-A-2

10 Entspannung
- W-G3-3

58

Yoga-*selfware* für den Arbeitsplatz (F6)

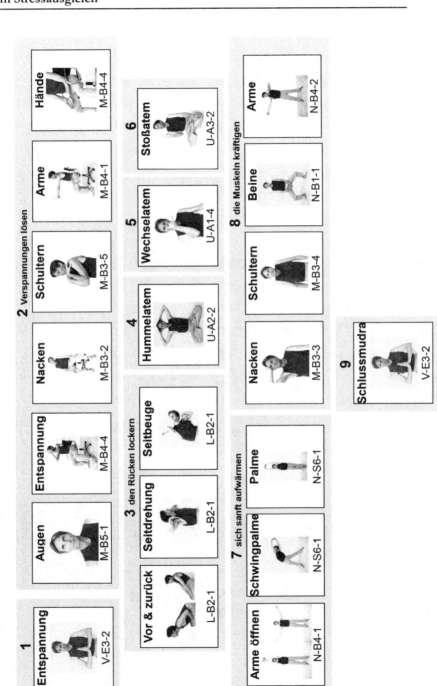

1 Entspannung
V-E3-2

2 Verspannungen lösen

Augen — M-B5-1
Entspannung — M-B4-4
Nacken — M-B3-2
Schultern — M-B3-5
Arme — M-B4-1
Hände — M-B4-4

3 den Rücken lockern

Vor & zurück — L-B2-1
Seitdrehung — L-B2-1
Seitbeuge — L-B2-1

4 Hummelatem — U-A2-2
5 Wechselatem — U-A1-4
6 Stoßatem — U-A3-2

7 sich sanft aufwärmen

Arme öffnen — N-B4-1
Schwingpalme — N-S6-1
Palme — N-S6-1

8 die Muskeln kräftigen

Nacken — M-B3-3
Schultern — M-B3-4
Beine — N-B1-1
Arme — N-B4-2

9 Schlussmudra — V-E3-2

59

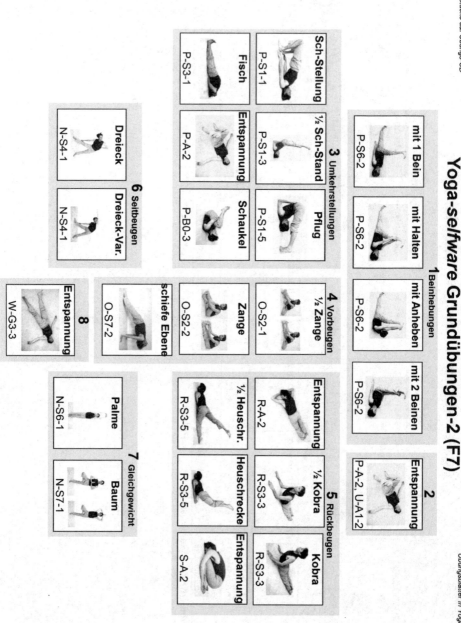

Copyright Dr. Hans Kugler, www.yogabiz.de

Nummerierte graue Felder
-> Stücke auf Übungs-CD

Nummern unter Bildern ->
Übungsblätter in Yogabox

Yoga-selfware Grundübungen-2 (F7)

1 Beinhebungen
- mit 1 Bein — P-S6-2
- mit Halten — P-S6-2
- mit Anheben — P-S6-2
- mit 2 Beinen — P-S6-2

2
- Entspannung — P-A-2, U-A1-2

3 Umkehrstellungen
- Sch-Stellung — P-S1-1
- Fisch — P-S3-1
- ½ Sch-Stand — P-S1-3
- Entspannung — P-A-2
- Pflug — P-S1-5
- Schaukel — P-B0-3

4 Vorbeugen
- ½ Zange — O-S2-1
- Zange — O-S2-2
- schiefe Ebene — O-S7-2

5 Rückbeugen
- Entspannung — R-A-2
- ½ Heuschr. — R-S3-5
- Heuschrecke — R-S3-5
- ½ Kobra — R-S3-3
- Kobra — R-S3-3
- Entspannung — S-A.2

6 Seitbeugen
- Dreieck — N-S4-1
- Dreieck-Var. — N-S4-1

7 Gleichgewicht
- Palme — N-S6-1
- Baum — N-S7-1

8
- Entspannung — W-G3-3

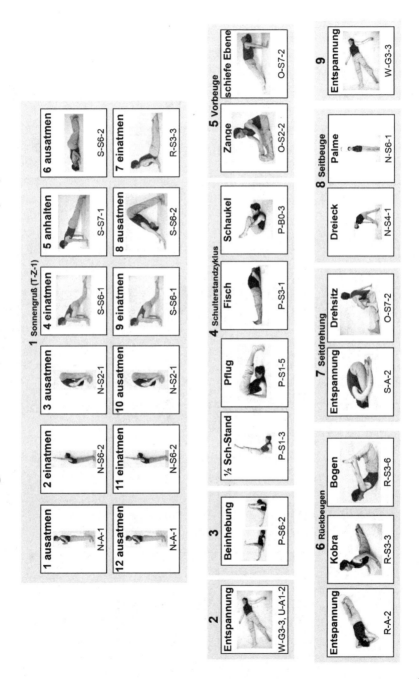

Nummern unter Bildern -> Übungsblätter in Yogabox

Copyright: Dr. Hans Kugler, www.yogabiz.de

Yoga-selfware für den Feierabend (F8)

Nummerierte graue Felder -> Stücke auf Übungs-CD

1 Sonnengruß (T-Z-1)

1 ausatmen	2 einatmen	3 ausatmen	4 einatmen	5 anhalten	6 ausatmen
N-A-1	N-S6-2	N-S2-1	S-S6-1	S-S7-1	S-S6-2

12 ausatmen	11 einatmen	10 ausatmen	9 einatmen	8 ausatmen	7 einatmen
N-A-1	N-S6-2	N-S2-1	S-S6-1	S-S6-2	R-S3-3

2 Entspannung
W-G3-3, U-A1-2

3 Beinhebung
P-S6-2

4 Schulterstandzyklus

½ Sch-Stand	Pflug	Fisch	Schaukel
P-S1-3	P-S1-5	P-S3-1	P-B0-3

5 Vorbeuge

Zange	schiefe Ebene
O-S2-2	O-S7-2

6 Rückbeugen

Entspannung	Kobra	Bogen
R-A-2	R-S3-3	R-S3-6

7 Seitdrehung

Entspannung	Drehsitz
S-A-2	O-S7-2

8 Seitbeuge

Dreieck	Palme
N-S4-1	N-S6-1

9 Entspannung
W-G3-3

61

Copyright: Dr. Hans Kugler, www.yogabiz.de

Yoga-selfware für Bauch und Becken (F9)

Nummern unter Bildern ->
Übungsblätter in Yogabox

1 Entspannung
W-G3-3, U-A1-2

2 aktivierender Atem
Stoßatmung — U-A3-2
Feueratmung — U-A3-3

3 das Becken wecken
Ruderboot — O-B2-1
Mühle — O-B2-1

4 mit einem Bein
Kniezug — P-S6-1
Krokodil — P-S5-1
Beinhebung — P-S6-2
Beindrehung — P-S5-2

5 mit beiden Beinen
Kniezug — P-S6-1
Krokodil — P-S5-1
Beinhebung — P-S6-2
Beindrehung — P-S5-2

6 Vor- & Rückbeugen
Hase + Kobra — S-B0-1
Katze — S-B0-2
Hund + Katze — S-B0-2
Frosch — S-B0-3

7 weitere Beugungen & Drehungen
Schwingpalme — N-S6-1
Dreieck — N-S4-1
Drehschwung — N-B2-1
Durchschwung — N-B0-2

8 Entspannung
W-G3-3

62

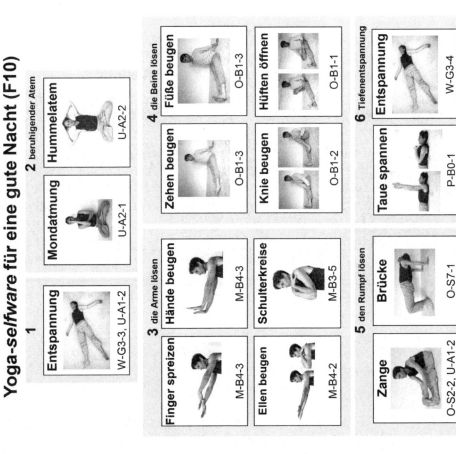

Yoga-selfware für eine gute Nacht (F10)

1
Entspannung
W-G3-3, U-A1-2

2 beruhigender Atem
Mondatmung
U-A2-1

Hummelatem
U-A2-2

3 die Arme lösen
Finger spreizen
M-B4-3

Hände beugen
M-B4-3

Ellen beugen
M-B4-2

Schulterkreise
M-B3-5

4 die Beine lösen
Zehen beugen
O-B1-3

Füße beugen
O-B1-3

Knie beugen
O-B1-2

Hüften öffnen
O-B1-1

5 den Rumpf lösen
Zange
O-S2-2, U-A1-2

Brücke
O-S7-1

6 Tiefenentspannung
Taue spannen
P-B0-1

Entspannung
W-G3-4

63

14

Praxis

Yoga-Selfware für Fitness und Wellness

für den Körper		für Geist und Energie
Gelenke & Rücken (G2)	Fitness & Wellness insgesamt •einfach (G1) •fordernd (G10)	Haltungen für Geist & Körper (G7)
Kreislauf & Kondition (G3)		
Muskeln & Spannkraft •einfach (G4) •fordernd (G11)		Energie aktivieren (G8)
Beweglichkeit & Flexibilität •einfach (G5) •fordernd (G12)	Gleichgewicht & Konzentration (G6)	zur Ruhe kommen (G9)

Einfaches Yoga-*selfware*-Grundprogramm für Fitness und Wellness (G1)

2

Entspannung — W-G3-3, U-A1-2

1 Dehnen & Strecken

Palme — N-S6-1
Streckung — N-S6-2
Schwingpalme — N-S6-1
Doppelwinkel — N-S6-3

3 Schultern & Hüften

Kuhkopf — O-S6-1
Entspannung — O-A-6
½ Zange — O-S2-1
Drehsitz — O-S7-2

4 Beinzyklus

Kniezug — P-S6-1
Krokodil — P-S5-1
Beinhebung — P-S6-2
Beindrehung — P-S5-2

5 den Rücken stärken

Entspannung — R-A-2
Bauchboot — R-S3-1
Bauchboot — R-S3-1
Schlange — R-S3-2

6 Vor- & Rückbeugen

Entspannung — S-A-2
Hase + Kobra — S-B0-1
Katze — S-B0-2
Hund + Katze — S-B0-2
Frosch — S-B0-3

7

Entspannung — W-G3-3

65

Yoga-selfware für die Gelenke (G2)

Nummerierte graue Felder
-> Stücke auf Übungs-CD

Nummern unter Bildern ->
Übungsblätter in Yogabox

1
Entspannung

W-G3-3, U-A1-2

2 für die Beine

Zehen beugen — O-B1-3
Füße beugen — O-B1-3
Füße kreisen — O-B1-3
Knie beugen — O-B1-2
Knie kreisen — O-B1-2
Hüften öffnen — O-B1-1

3 für die Arme

Finger spreizen — M-B4-3
Hände beugen — M-B4-3
Fäuste kreisen — M-B4-3
Ellen beugen — M-B4-2
Schulterkreise — M-B3-5

4 für den Rücken

Vor & zurück — L-B2-1
Seitdrehung — L-B2-1
Seitbeuge — L-B2-1

5
Entspannung

W-G3-3

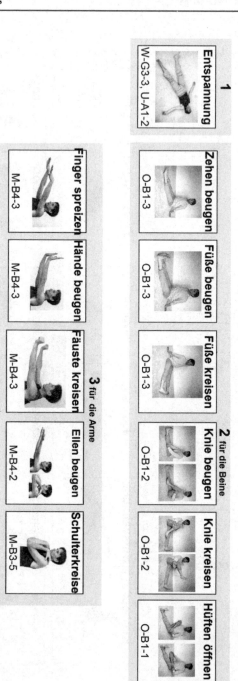

Yoga-selfware für den Kreislauf (G3)

1 schneller Sonnengruß (T-Z-1)

1 ausatmen	2 einatmen	3 ausatmen	4 einatmen	5 anhalten	6 ausatmen
N-A-1	N-S6-2	N-S2-1	S-S6-1	S-S7-1	S-S6-2

7 einatmen	8 ausatmen	9 einatmen	10 ausatmen	11 einatmen	12 ausatmen
R-S3-3	S-S6-2	S-S6-1	N-S2-1	N-S6-2	N-A-1

2

Entspannung — W-G3-3, U-A1-2

3 Vor & zurück

Schaukel	Zange & Pflug
P-B0-3	P-B0-4

4 Auf & ab

Frosch langsam	Frosch schnell
S-B0-3	S-B0-3

Links 5 rechts

Kreuzgang — N-B0-1

6 Schwünge

aufrecht	rechtwinklig	durch die Beine
N-B2-1	N-B2-2	N-B0-2

7

Entspannung — W-G3-3

Einfaches Yoga-selfware-Programm für Muskelkraft (G4)

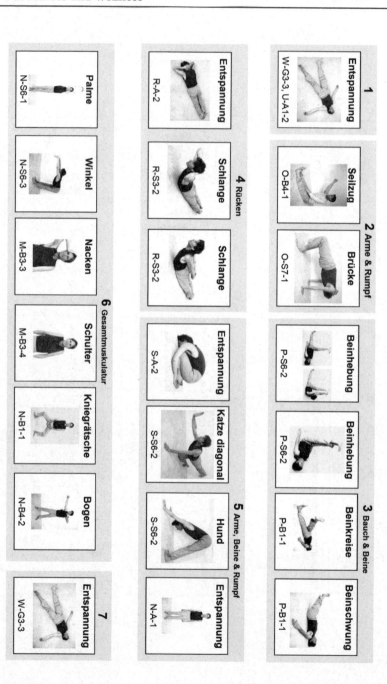

1 Entspannung

W-G3-3, U-A1-2

2 Arme & Rumpf

Seilzug — O-B4-1

Brücke — O-S7-1

3 Bauch & Beine

Beinhebung — P-S6-2

Beinhebung — P-S6-2

Beinkreise — P-B1-1

Beinschwung — P-B1-1

4 Rücken

Entspannung — R-A-2

Schlange — R-S3-2

Schlange — R-S3-2

Entspannung — S-A-2

Katze diagonal — S-S6-2

5 Arme, Beine & Rumpf

Hund — S-S6-2

Entspannung — N-A-1

Palme — N-S6-1

Winkel — N-S6-3

Nacken — M-B3-3

6 Gesamtmuskulatur

Schulter — M-B3-4

Kniegrätsche — N-B1-1

Bogen — N-B4-2

7 Entspannung

W-G3-3

Nummern unter Bildern ->
Übungsblätter in Yogabox

Copyright: Dr. Hans Kugler, www.yogabiz.de

Nummerierte graue Felder
-> Stücke auf Übungs-CD

Einfaches Yoga-selfware-Programm für Flexibilität (G5)

1 einfacher Sonnengruß (T-Z-3)

1 ausatmen
2 einatmen
3 ausatmen
4 einatmen
5 ausatmen
6 einatmen
7 ausatmen
8 einatmen
9 ausatmen
10 einatmen
11 ausatmen

2

Entspannung
W-G3-3, U-A2-1

3 im Bodensitz

½ Zange
O-S2-1

Drehsitz
O-S7-2

Schaukel
P-B0-3

4 in Rückenlage

Krokodil
P-S5-1

Schulterst.
P-S6-2

½ Pflug
P-S5-2

5 in Bauchlage

Entspannung
R-A-2

Kobra
R-S3-3

Bogen
R-S3-6

6 im Knien

Entspannung
S-A-2

Hase + Kobra
S-B0-1

Katze
S-B0-2

Tiger
S-B0-2

7 im Stehen

Dreieck
N-S4-1

Vorbeuge
N-S2-1

8

Entspannung
W-G3-3

69

Yoga-selfware-Programm für ein kraftvolles Gleichgewicht (G6)

1 Sonnengruß (T-Z-1)

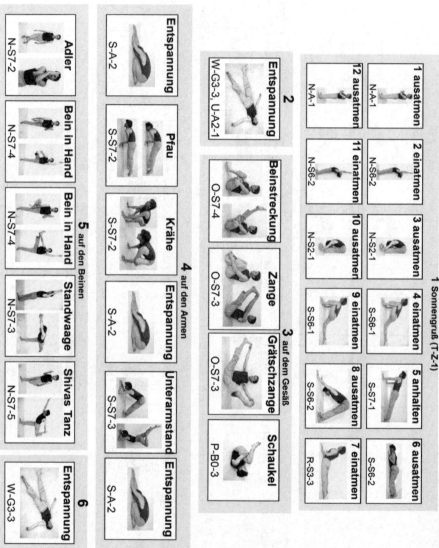

Entspannung
S-A-2

Adler
N-S7-2

Pfau
S-S7-2

Bein in Hand
N-S7-4

5 auf den Beinen

Krähe
S-S7-2

Bein in Hand
N-S7-4

Standwaage
N-S7-3

2
Entspannung
W-G3-3, U-A2-1

Beinstreckung
O-S7-4

4 auf den Armen
Entspannung
S-A-2

Shivas Tanz
N-S7-5

2
Entspannung

Zange
O-S7-3

Unterarmstand
S-S7-3

6
Entspannung
W-G3-3

3 auf dem Gesäß

Grätschzange
O-S7-3

Entspannung
S-A-2

Schaukel
P-B0-3

1 ausatmen N-A-1 / 2 einatmen N-A-1 / 3 ausatmen N-S2-1 / 4 einatmen S-S6-1 / 5 anhalten S-S7-1 / 6 ausatmen S-S6-2 / 7 einatmen R-S3-3 / 8 ausatmen S-S6-2 / 9 einatmen S-S6-1 / 10 ausatmen N-S2-1 / 11 einatmen N-S6-2 / 12 ausatmen N-A-1

Nummern unter Bildern ->
Übungsblätter in Yogabox

Nummerierte graue Felder
-> Stücke auf Übungs-CD

Yoga-selfware mit „Inne-Haltungen" für Körper und Geist (G7)

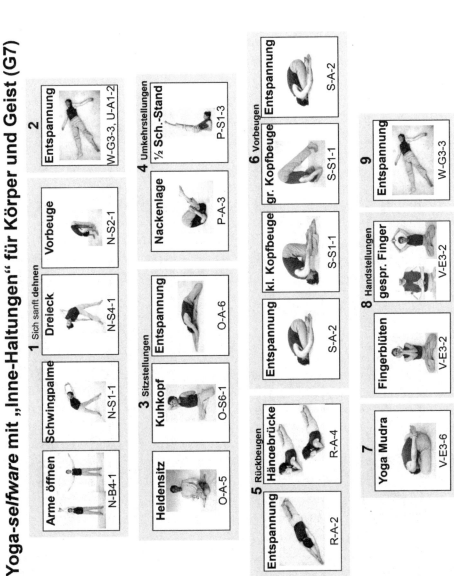

1 Sich sanft dehnen

Arme öffnen	Schwingpalme	Dreieck	Vorbeuge
N-B4-1	N-S1-1	N-S4-1	N-S2-1

2 Entspannung — W-G3-3, U-A1-2

3 Sitzstellungen

Heldensitz	Kuhkopf	Entspannung
O-A-5	O-S6-1	O-A-6

4 Umkehrstellungen

Nackenlage	½ Sch.-Stand
P-A-3	P-S1-3

5 Rückbeugen

Entspannung	Hängebrücke
R-A-2	R-A-4

6 Vorbeugen

Entspannung	kl. Kopfbeuge	gr. Kopfbeuge	Entspannung
S-A-2	S-S1-1	S-S1-1	S-A-2

7 Yoga Mudra — V-E3-6

8 Handstellungen

Fingerblüten	gespr. Finger
V-E3-2	V-E3-2

9 Entspannung — W-G3-3

71

Nummerierte graue Felder
-> Stücke auf Übungs-CD

Nummern unter Bildern ->
Übungsblätter in Yogabox

Yoga-selfware zur Energieaktivierung (G8)

1 Sonnengruß (T-Z-1): langsam + schnell

1 ausatmen N-A-1	2 einatmen N-S6-2	3 ausatmen N-S2-1	4 einatmen S-S6-1	5 anhalten S-S7-1	6 ausatmen S-S6-2
12 ausatmen N-A-1	11 einatmen N-S6-2	10 ausatmen N-S2-1	9 einatmen S-S6-1	8 ausatmen S-S6-2	7 einatmen R-S3-3

Boot P-BO-1

Entspannung W-G3-3, U-A1-2 / U-A1-3

2 Atemvorbereitung
- Wellenatem P-BO-3
- Schaukel
- Sonnenatem U-A3-1

3 aktivierender Atem
- Stoßatem U-A3-2
- Blasebalg U-A3-3

4 Hände & Bauch
- Hände M-B4-4
- Bauch V-E3-4

Bauch V-E1-4 / V-E1-2

5 Bauch & Becken
- Beckenboden
- Entspannung S-A-2

6 Hocken & Hacken
- Gruß S-B2-1
- Holz hacken S-B2-1

7 Prana Mudra V-E3-1

8 Entspannung W-G3-3

Copyright: Dr. Hans Kugler, www.yogabiz.de

Nummern unter Bildern -> Übungsblätter in Yogabox

Nummerierte graue Felder -> Stücke auf Übungs-CD

Yoga-*selfware* für Ruhe von Körper und Geist (G9)

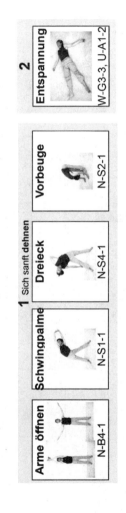

1 Sich sanft dehnen

Arme öffnen — N-B4-1
Schwingpalme — N-S1-1
Dreieck — N-S4-1
Vorbeuge — N-S2-1

2 Entspannung — W-G3-3, U-A1-2

3 beruhigender Atem

Mondatem — U-A2-1
Kühlatem — U-A2-3
Hummelatem — U-A2-2, W-G1-3

4 Entspannung — W-G3-3

Meditation& 5 Vorbereitung

imaginäre Wechselatmung — U-A2-4
Meditation — W-G2-3

6 Entspannung — W-G3-2 und -4

73

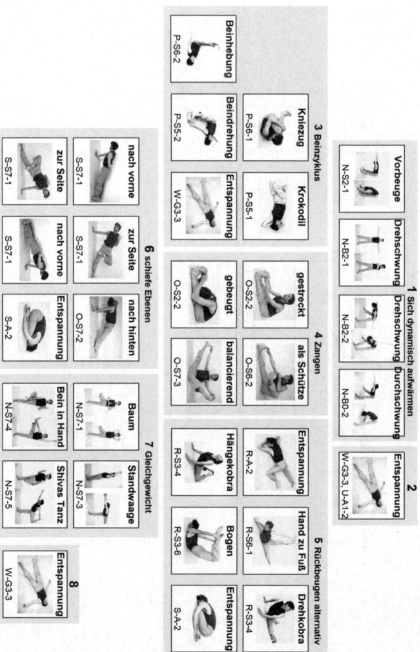

Forderndes Yoga-*selfware*-Programm für Fitness und Wellness (G10)

Copyright: Dr. Hans Kugler, www.yogabiz.de

Nummerierte graue Felder
-> Stücke auf Übungs-CD

Übungsblätter in Yogabox

1 Sich dynamisch aufwärmen

Vorbeuge — N-S2-1
Drehschwung — N-B2-1
Drehschwung — N-B2-2
Durchschwung — N-B0-2

2

Entspannung — W-G3-3, U-A1-2

3 Beinzyklus

Kniezug — P-S6-1
Krokodil — P-S5-1
Beindrehung — P-S6-2
Entspannung — W-G3-3
Beinhebung — P-S6-2
P-S5-2

4 Zangen

als Schütze — O-S6-2
gestreckt — O-S2-2
balancierend — O-S7-3
gebeugt — O-S2-2
O-S7-2

5 Rückbeugen alternativ

Hand zu Fuß — R-A-2
Drehkobra — R-S3-4
Hängekobra — R-S3-4
Bogen — R-S6-1
R-S3-6
Entspannung — S-A-2

6 schiefe Ebenen

zur Seite — S-S7-1
nach hinten — O-S7-2
nach vorne — S-S7-1
zur Seite — S-S7-1
nach vorne — S-S7-1
Entspannung — S-A-2

7 Gleichgewicht

Baum — N-S7-1
Standwaage — N-S7-3
Bein in Hand — N-S7-4
Shivas Tanz — N-S7-5

8

Entspannung — W-G3-3

74

Nummerierte graue Felder
-> Stücke auf Übungs-CD

Copyright: Dr. Hans Kugler, www.yogabiz.de

Nummern unter Bildern ->
Übungsblätter in Yogabox

Forderndes Yoga-*selfware*-Programm für Muskelkraft (G11)

1 Aufwärmen

Taue spannen	Boot	Beinkreise	dyn. Zange
P-B0-1	P-B0-1	P-B1-1	P-B0-4

2

Entspannung	Schaukel
W-G3-3, U-A1-2	P-B0-3

3 ganzer Körper

Pferd reiten	schiefe Ebene	rechter Winkel	Entspannung
O-B0-1	O-S7-2	O-S7-5	P-A-2

4 Bauchmuskeln

gerade	diagonal	Entspannung
P-B0-2	P-B0-2	P-A-2

5 Rücken & Arme

Entspannung	Boot	Heuschrecke	Entspannung
R-A-2	R-S3-1	R-S3-5	S-A-2

5 Schultern & Hüften

schiefe Ebene	schiefe Ebene	Delphin	Entspannung
S-S7-1	S-S7-1	S-B4-1	S-A-2

7 Rücken & Beine

Streckung	Streckung	Kniegrätsche
N-S6-2	N-S6-2	N-B1-1

8

Entspannung
W-G3-3

Nummerierte graue Felder
-> Stücke auf Übungs-CD

Nummern unter Bildern ->
Übungsblätter in Yogabox

Forderndes Yoga-selfware-Programm für Flexibilität (G12)

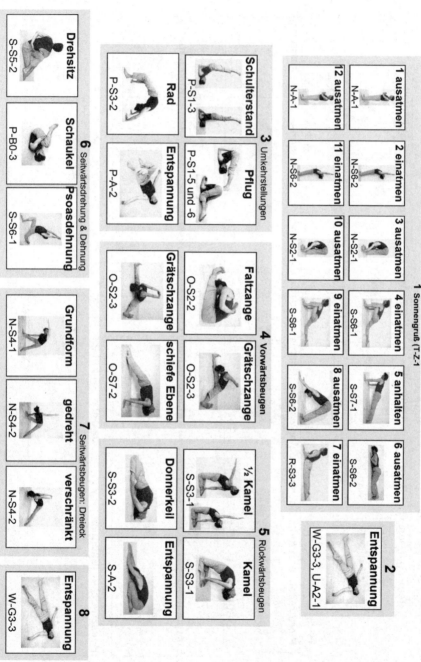

1 Sonnengruß (1-2-1

1 ausatmen — N-A-1
2 einatmen — N-A-1
3 ausatmen — N-S6-2
4 einatmen — S-S6-1
5 anhalten — S-S7-1
6 ausatmen — S-S6-2
7 einatmen — R-S3-3
8 ausatmen — S-S6-2
9 einatmen — S-S6-1
10 ausatmen — N-S2-1
11 einatmen — N-S6-2
12 ausatmen — N-A-1

2 Entspannung — W-G3-3, U-A2-1

3 Umkehrstellungen
Schulterstand — P-S1-3
Pflug — P-S1-5 und -6
Rad — P-S3-2
Entspannung — P-A-2

4 Vorwärtsbeugen
Faltzange — O-S2-2
Grätschzange — O-S2-3
Grätschzange — O-S2-3
schiefe Ebene — O-S7-2

5 Rückwärtsbeugen
½ Kamel — S-S3-1
Kamel — S-S3-1
Donnerkeil — S-S3-2
Entspannung — S-A-2

6 Seitwärtsdrehung & Dehnung
Drehsitz — S-S5-2
Schaukel — P-B0-3
Psoasdehnung — S-S6-1

7 Seitwärtsbeugen: Dreieck
Grundform — N-S4-1
gedreht — N-S4-2
verschränkt — N-S4-2

8 Entspannung — W-G3-3

76

15

Praxis

Yoga-Selfware für die Energiezentren

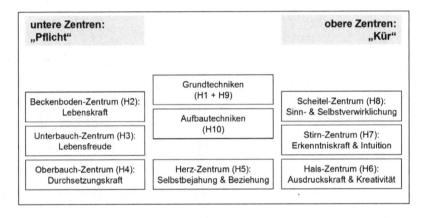

untere Zentren: „Pflicht"		obere Zentren: „Kür"
	Grundtechniken (H1 + H9)	
Beckenboden-Zentrum (H2): Lebenskraft		Scheitel-Zentrum (H8): Sinn- & Selbstverwirklichung
Unterbauch-Zentrum (H3): Lebensfreude	Aufbautechniken (H10)	Stirn-Zentrum (H7): Erkenntniskraft & Intuition
Oberbauch-Zentrum (H4): Durchsetzungskraft	Herz-Zentrum (H5): Selbstbejahung & Beziehung	Hals-Zentrum (H6): Ausdruckskraft & Kreativität

Copyright: Dr. Hans Kugler, www.yogabiz.de

Übungsblätter in Yogabox

Yoga-selfware Grundtechniken für die Energiezentren (H1+H9)

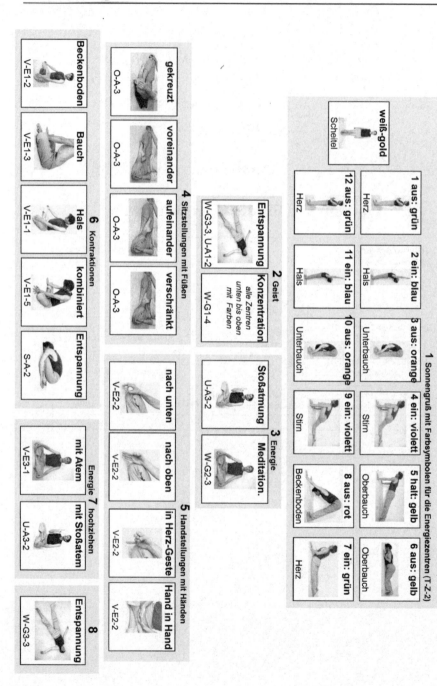

Nummern unter Bildern -> Übungsblätter in Yogabox

Nummerierte graue Felder -> Stücke auf Übungs-CD

Copyright: Dr. Hans Kugler, www.yogabiz.de

Yoga-*selfware* für das Beckenboden-Zentrum (H2)

1 Standard-Affirmation: Ich stehe sicher verwurzelt im Leben und ziehe Kraft aus meinen Wurzeln

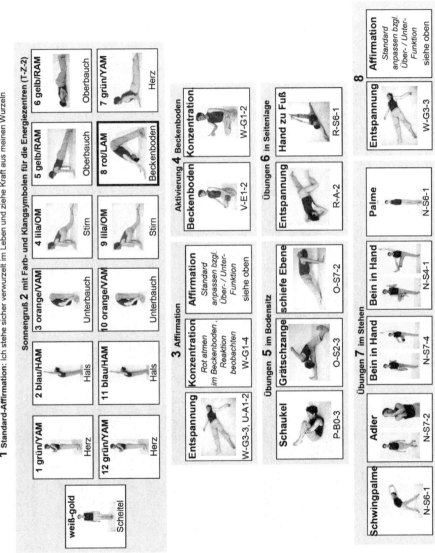

Sonnengruß **2** mit Farb- und Klangsymbolen für die Energiezentren (T-Z-2)

weiß-gold — Scheitel

| 1 grün/YAM — Herz | 2 blau/HAM — Hals | 3 orange/YAM — Unterbauch | 4 lila/OM — Stirn | 5 gelb/RAM — Oberbauch | 6 gelb/RAM — Oberbauch |
| 12 grün/YAM — Herz | 11 blau/HAM — Hals | 10 orange/YAM — Unterbauch | 9 lila/OM — Stirn | 8 rot/LAM — Beckenboden | 7 grün/YAM — Herz |

3 Affirmation

Entspannung — W-G3-3, U-A1-2

Konzentration — Rot atmen im Beckenboden, Reaktion beobachten — W-G1-4

Affirmation — Standard anpassen bzgl. Über- / Unter-Funktion siehe oben

Aktivierung **4** Beckenboden

Beckenboden — V-E1-2

Konzentration — W-G1-2

Übungen **5** im Bodensitz

Schaukel — P-B0-3

Grätschzange — O-S2-3

schiefe Ebene — O-S7-2

Übungen **6** in Seitenlage

Hand zu Fuß — R-S6-1

Entspannung — R-A-2

Übungen **7** im Stehen

Schwingpalme — N-S6-1

Adler — N-S7-2

Bein in Hand — N-S7-4

Bein in Hand — N-S4-1

Palme — N-S6-1

8

Entspannung — W-G3-3

Affirmation — Standard anpassen bzgl. Über- / Unter-Funktion siehe oben

79

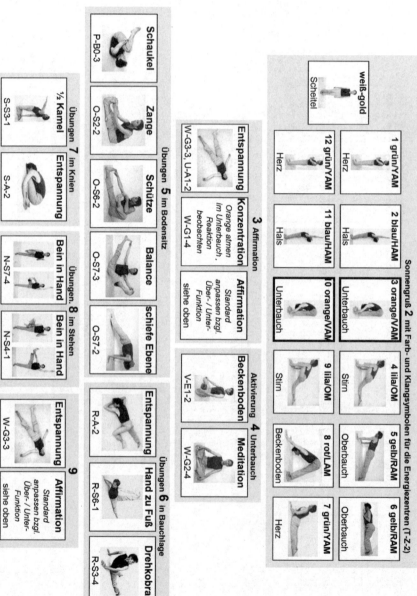

Nummerierte graue Felder
-> Stücke auf Übungs-CD

Nummern unter Bildern ->
Übungsblätter in Yogabox

Yoga-selfware für das Unterbauch-Zentrum (H3)

1 Standard-Affirmation: Ich habe ein Recht auf Freude am Leben und kann es mit Geist und Körper genießen

Sonnengruß **2** mit Farb- und Klangsymbolen für die Energiezentren (T-Z-2)

weiß-gold — Scheitel

1 grün/YAM — Herz
2 blau/HAM — Hals
3 orange/VAM — Unterbauch
4 lila/OM — Stirn
5 gelb/RAM — Oberbauch
6 gelb/RAM — Oberbauch
7 grün/YAM — Herz
8 rot/LAM — Oberbauch
9 lila/OM — Stirn
10 orange/VAM — Unterbauch
11 blau/HAM — Hals
12 grün/YAM — Herz

Herz — Hals — Unterbauch — Stirn — Beckenboden

3 Affirmation

Entspannung — W-G3-3, U-A1-2

Konzentration — Orange atmen im Unterbauch, Reaktion beobachten — W-G1-4

Affirmation — Standard anpassen bzgl. Über- / Unter- Funktion — siehe oben

4 Unterbauch

Aktivierung Beckenboden — V-E1-2

Meditation — W-G2-4

Übungen **5** im Bodensitz

Schaukel — P-B0-3
Zange — O-S2-2 / O-S6-2
Schütze — O-S7-3 / O-S7-2
Balance
schiefe Ebene

Übungen **6** in Bauchlage

Entspannung — R-A-2 / R-S6-1
Hand zu Fuß
Drehkobra — R-S3-4

Übungen **7** im Knien

½ Kamel — S-S3-1 / S-A-2
Entspannung

Übungen **8** im Stehen

Bein in Hand — N-S7-4 / N-S4-1

9

Entspannung — W-G3-3
Affirmation — Standard anpassen bzgl. Über- / Unter- Funktion — siehe oben

Yoga-selfware für das Oberbauch-Zentrum (H4)

1 Standard-Affirmation: Ich kann mein Leben nach meinen Vorstellungen gestalten und mich dabei durchsetzen

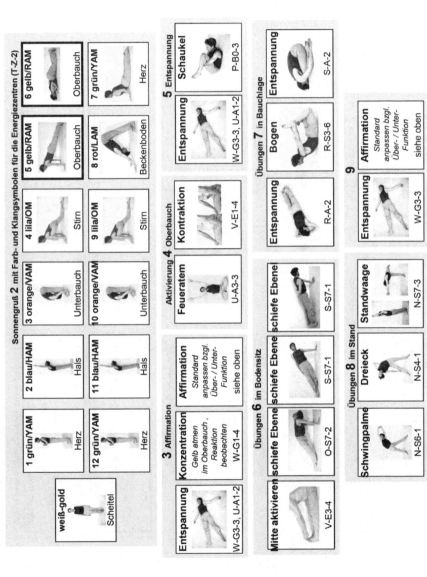

Yoga-selfware für das Herz-Zentrum (H5)

1 Standard-Affirmation: Ich öffne mich für eine liebevoll bejahende Verbindung zu mir selbst und zu anderen Menschen

Sonnengruß 2 mit Farb- und Klangsymbolen für die Energiezentren (T-Z-2)

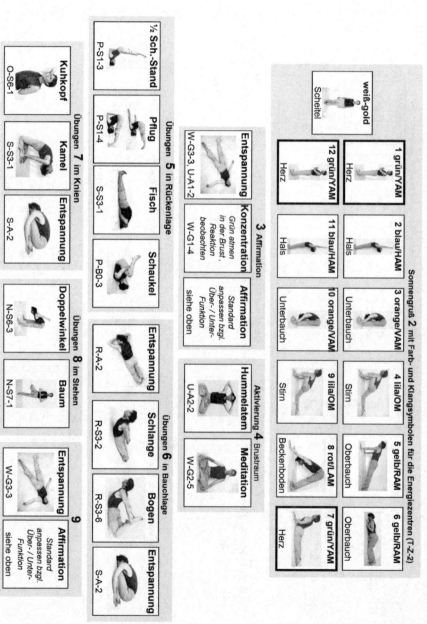

weiß-gold / Scheitel
1 grün/YAM / Herz
2 blau/HAM / Hals
3 orange/VAM / Unterbauch
4 lila/OM / Stirn
5 gelb/RAM / Oberbauch
6 gelb/RAM / Oberbauch
7 grün/YAM / Herz
8 rot/LAM / Beckenboden
9 lila/OM / Stirn
10 orange/VAM / Stirn
11 blau/HAM / Hals
12 grün/YAM / Herz

3 Affirmation

Konzentration: Grün atmen in der Brust, Reaktion beobachten — W-G1-4

Affirmation: Standard anpassen bzgl. Über-/Unter-Funktion siehe oben

4 Brustraum Aktivierung

Hummelatem — U-A2-2

Meditation — W-G2-5

Entspannung — W-G3-3, U-A1-2

½ Sch.-Stand — P-S1-3
Pflug — P-S1-4, S-S3-1
Fisch
Schaukel — P-B0-3

Übungen 5 in Rückenlage
Entspannung — R-A-2

Übungen 6 in Bauchlage
Schlange — R-S3-2
Bogen — R-S3-6
Entspannung — S-A-2

Übungen 7 im Knien
Kuhkopf — O-S6-1
Kamel — S-S3-1
Entspannung — S-A-2

Übungen 8 im Stehen
Doppelwinkel — N-S6-3
Baum — N-S7-1
Entspannung — W-G3-3

9 Affirmation
Standard anpassen bzgl. Über-/Unter-Funktion siehe oben

Yoga-selfware für das Hals-Zentrum (H6)

1 Standard-Affirmation: Ich habe die Kraft und Kreativität, mich überzeugend und originell auszudrücken

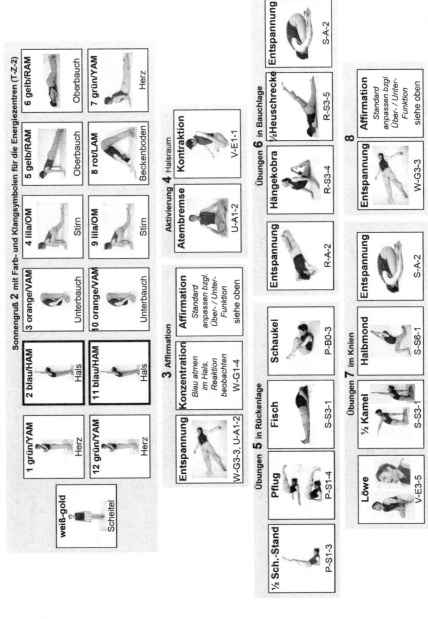

Sonnengruß 2 mit Farb- und Klangsymbolen für die Energiezentren (T-Z-2)

1 grün/YAM — Herz
2 blau/HAM — Hals
3 orange/VAM — Unterbauch
4 lila/OM — Stirn
5 gelb/RAM — Oberbauch
6 gelb/RAM — Oberbauch
7 grün/YAM — Herz
8 rot/LAM — Beckenboden
9 lila/OM — Stirn
10 orange/VAM — Unterbauch
11 blau/HAM — Hals
12 grün/YAM — Herz

weiß-gold — Scheitel

3 Affirmation

Entspannung — W-G3-3, U-A1-2
Konzentration — Blau atmen im Hals, Reaktion beobachten — W-G1-4
Affirmation — Standard anpassen bzgl. Über- / Unter- Funktion siehe oben

4 Halsraum
Aktivierung — Atembremse — U-A1-2
Kontraktion — V-E1-1

Übungen 5 in Rückenlage
½ Sch.-Stand — P-S1-3
Pflug — P-S1-4
Fisch — S-S3-1
Schaukel — P-B0-3
Entspannung — R-A-2

Übungen 6 in Bauchlage
Hängekobra — R-S3-4
½Heuschrecke — R-S3-5
Entspannung — S-A-2

Übungen 7 im Knien
Löwe — V-E3-5
½ Kamel — S-S3-1
Halbmond — S-S6-1
Entspannung — S-A-2

8
Entspannung — W-G3-3
Affirmation — Standard anpassen bzgl. Über- / Unter- Funktion siehe oben

83

Nummerierte graue Felder
-> Stücke auf Übungs-CD

Nummern unter Bildern ->
Übungsblätter in Yogabox

Yoga-selfware für das Stirn-Zentrum (H7)

Copyright: Dr. Hans Kugler, www.yogabiz.de

1 Standard-Affirmation: Ich kann mich und die Welt klar wahrnehmen, intuitiv und intellektuell erkennen

Sonnengruß **2** mit Farb- und Klangsymbolen für die Energiezentren (1-Z-2)

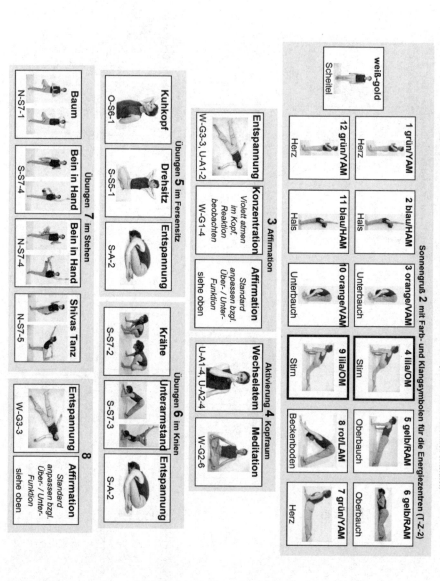

weiß-gold — Scheitel

1 grün/YAM — Herz
2 blau/HAM — Hals
3 orange/VAM — Unterbauch
4 lila/OM — Stirn
5 gelb/RAM — Oberbauch
6 gelb/RAM — Oberbauch
7 grün/YAM — Herz
8 rot/LAM — Beckenboden
9 lila/OM — Stirn
10 orange/VAM — Unterbauch
11 blau/HAM — Hals
12 grün/YAM — Herz
Herz

Entspannung
W-G3-3, U-A1-2

3 Affirmation

Konzentration
Violett atmen im Kopf, Reaktion beobachten
W-G1-4

Affirmation
Standard anpassen bzgl. Über- / Unter- Funktion
siehe oben

4 Kopfraum

Aktivierung Wechselatem
U-A1-4, U-A2-4

Meditation
W-G2-6

Übungen 5 im Fersensitz

Kuhkopf
O-S6-1
S-S5-1

Drehsitz
S-S7-2

Entspannung
S-A-2

Übungen 6 im Knien

Krähe
S-S7-3

Unterarmstand

Entspannung
S-A-2

Übungen 7 im Stehen

Baum
N-S7-1
S-S7-4

Bein in Hand
N-S7-4

Bein in Hand
N-S7-4

Shivas Tanz
N-S7-5

Entspannung
W-G3-3

8 Affirmation
Standard anpassen bzgl. Über- / Unter- Funktion
siehe oben

Copyright: Dr. Hans Kugler, www.yogabiz.de

Yoga-*selfware* für das Scheitel-Zentrum (H8)

1 Standard-Affirmation: Ich fühle mich eins mit mir und dem Leben als Ganzes

Sonnengruß 2 mit Farb- und Klangsymbolen für die Energiezentren (T-Z-2)

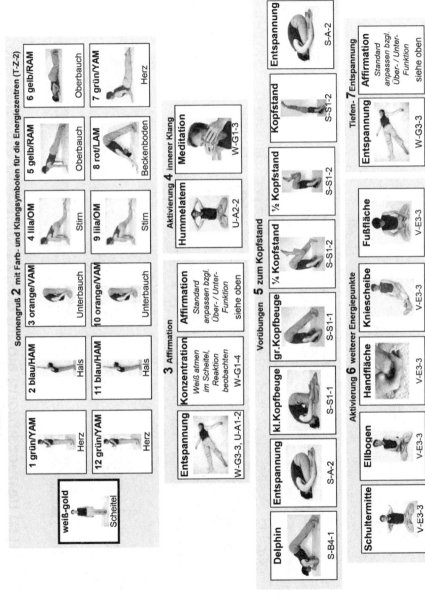

| weiß-gold | Scheitel |

1 grün/YAM	Herz
2 blau/HAM	Hals
3 orange/VAM	Unterbauch
4 lila/OM	Stirn
5 gelb/RAM	Oberbauch
6 gelb/RAM	Oberbauch
7 grün/YAM	Herz
8 rot/LAM	Beckenboden
9 lila/OM	Stirn
10 orange/VAM	Unterbauch
11 blau/HAM	Hals
12 grün/YAM	Herz

3 Affirmation

Konzentration
Weiß atmen im Scheitel, Reaktion beobachten
W-G1-4

Affirmation
Standard anpassen bzgl. Über- / Unter-Funktion siehe oben

Entspannung
W-G-3-3, U-A1-2

Aktivierung 4 innerer Klang

Hummelatem
U-A2-2

Meditation
W-G1-3

Vorübungen 5 zum Kopfstand

Delphin
S-B4-1

Entspannung
S-A-2

kl.Kopfbeuge
S-S1-1

gr.Kopfbeuge
S-S1-1

¼ Kopfstand
S-S1-2

½ Kopfstand
S-S1-2

Kopfstand
S-S1-2

Entspannung
S-A-2

Aktivierung 6 weiterer Energiepunkte

Schultermitte
V-E3-3

Ellbogen
V-E3-3

Handfläche
V-E3-3

Kniescheibe
V-E3-3

Fußfläche
V-E3-3

Tiefen-7 Entspannung

Entspannung
W-G3-3

Affirmation
Standard anpassen bzgl. Über- / Unter-Funktion siehe oben

Nummerierte graue Felder
-> Stücke auf Übungs-CD

Nummern unter Bildern ->
Übungsblätter in Yogabox

Yoga-selfware-Aufbautechniken für die Energiezentren (H10)

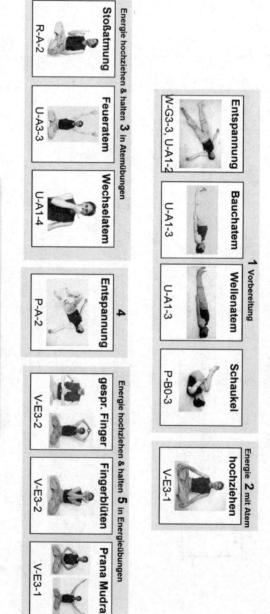

1 Vorbereitung

Entspannung	Bauchatem	Wellenatem	Schaukel
W-G3-3, U-A1-2	U-A1-3	U-A1-3	P-B0-3

Energie 2 mit Atem hochziehen

V-E3-1

Energie hochziehen & halten 3 in Atemübungen

Stoßatmung	Feueratem	Wechselatem
R-A-2	U-A3-3	U-A1-4

4

Entspannung
P-A-2

Energie hochziehen & halten 5 in Energieübungen

gespr. Finger	Fingerblüten	Prana Mudra
V-E3-2	V-E3-2	V-E3-1

6 Abschluss

Entspannung	Konzentration	Yoga Mudra
W-G3-3	alle Zentren unten bis oben mit Farben	
	W-G1-4	V-E3-6

16

Yoga-Selfware

Übungsfundus für Körper, Energie und Geist

Körperübungen auch für das Büro

L = im Sitzen

M = im Sitzen oder Stehen

N = im Stehen

Körperübungen für die Yogamatte

O = im Bodensitz (gestreckt / gekreuzt)

P = in Rückenlage

R = in Bauch - / Seitenlage

S = im Fersensitz / Knien / Hocken

T = in mehreren Lagen

Energie- und Geistesübungen

U = Atemübungen

V = Energieaktivierung

W = Geistes- und Entspannungsübungen

nähere Erläuterungen dazu auf der nächsten Seite und in Kapitel 9

Arten von Übungen

A5

yoga settware

Körperübungen

A = Ausgangs- oder Entspannungslagen

B = Bewegungen: sanft – (mittel) - kraftvoll

B0 = für den ganzen Körper
B1 = für den Unterkörper
B2 = für den Oberkörper
B3 = für Schultern & Nacken
B4 = für Hände & Arme
B5 = für die Augen

S = Stellungen: einfach – (mittel) - fordernd

S1 = Umkehrstellungen
S2 = Vorwärtsbeugungen
S3 = Rückwärtsbeugungen
S4 = Seitwärtsbeugungen
S5 = Seitwärtsdrehungen
S6 = Dehn- & Streckübungen
S7 = Kraft- & Gleichgewichtsübungen

Z = zusammengesetzte Kurzfolge (von B und S)

Energie- & Geistesübungen

Atemübungen

A1 = Atemgrundübungen
A2 = Beruhigende Atemübungen
A3 = Aktivierende Atemübungen

Energieaktivierung

E1 = Kontraktionen
E2 = unterstützende Elemente
E3 = kompakte Energieübungen

Geistes- & Entspannungsübungen

G1 = Konzentrationsübungen
G2 = Meditationsübungen
G3 = Entspannungsübungen

Der feste Sitz

L-A-1

Ausgangs- oder Entspannungslage
im Sitzen

yoga software

Auf dem Stuhl

- Aufrecht auf der vorderen Hälfte der Stuhlfläche sitzend, Sohlen flach auf dem Boden, Unter-Schenkel senkrecht, Knie gut schulterbreit auseinander, Hände auf den Knien, Arme entspannt, Schultern leicht nach hinten geöffnet (1)

„Schneidersitz"

- Beine gekreuzt, evtl. stabile Sitzunterlage so hoch, dass Rücken aufrecht, ohne sich anzustrengen, Hände auf den Knien, Arme entspannt, Schultern leicht nach hinten geöffnet (2)

Fersensitz mit geschlossenen Beinen

- Mit geschlossenen Beinen aufrecht auf oder zwischen den Fersen sitzend, Zehenspitzen übereinander, evtl. weiche Unterlage unter den Füßen oder auf den Fersen, Hände auf den Oberschenkeln, Arme entspannt (3)

Fersensitz mit gegrätschten Beinen

- Wie oben mit schulterbreit gegrätschten Knien (4)

Version 1.3

© Dr. Hans Kugler

89

Grundübungen für Rumpf und Rücken

L-B2-1
Bewegung für den Oberkörper im Sitzen

yoga selfware

Gut für: Lockerung und Kräftigung des Rückens

1

2

3

4

Beugung abwechselnd vor und zurück

- Hände auf die Knie
- Rumpf mit Einatmung weit nach vorne wölben, Schultern nach hinten, Kopf in den Nacken (1)
- mit Ausatmung Rumpf weit nach hinten wölben, Schultern nach vorne, Kinn zur Brust (2)
- Variation: Kopf bleibt immer waagrecht

Beugung abwechselnd nach links und rechts

- Arme seitlich anwinkeln, Hände auf die Schultern
- Rumpf mit Einatmung weit nach links beugen, rechten Ellbogen nach oben strecken, nach oben schauen, ohne Rumpf zu drehen (3)
- Dasselbe mit Ausatmung nach rechts

Drehung abwechselnd nach links und rechts

- Arme seitlich anwinkeln, Hände auf Schultern
- Kopf und Rumpf mit Einatmung aufrecht nach links drehen, mit Ausatmung nach rechts (4)

je 5 bis 10 mal

Vorsicht bei: starken akuten Rückenbeschwerden

Version 1.3

© Dr. Hans Kugler

Rumpfkreise

yoga selfware

L-B2-2

Bewegung für den Oberkörper
im Sitzen

Gut für: Lockerung und Kräftigung des Rückens

Die Wirbelsäule kreisen lassen

- Hände auf die Knie

- mit Einatmen den gestreckten Oberkörper
  aus dem Becken heraus nach links und vorne
  kreisen lassen (1), mit dem Ausatmen nach
  rechts und hinten (2)

- dann Kreisen in Gegenrichtung, dabei
  einatmen nach vorne, ausatmen nach hinten

je 5 bis 10 mal

1

2

Vorsicht bei: starken akuten Rückenbeschwerden

Version 1.3

Den Rücken entzücken

yoga selfware

L-Z-1
zusammengesetzte Kurzfolge
im Sitzen

Gut für: Lockerung und Kräftigung des Rückens

1

2

3

4

- **Fester Sitz (L-A-1)**
tief und ruhig atmend den Geist sammeln,
dann mit kurzen Pausen zum Entspannen:

- **Rumpfkreise (1)**
je 5 mal (L-B2-2)
- **Beugung abwechselnd vor und zurück (2)**
je 5 mal (M-B2-1)
- **Drehung abwechselnd nach links & rechts (3)**
je 5 mal (M-B2-1)
- **Beugung abwechselnd nach links & rechts (4)**
je 5 mal (M-B2-1)

- **Fester Sitz (> L-A-1) oder aufrechter
Stand mit hüftbreiten Beinen (N-A-1)**
nachspüren und entspannen

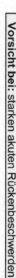

Version 1.3

© Dr. Hans Kugler

Nackengrundübungen

yoga selfware

M-B3-1

sanfte Bewegung für Schultern und Nacken
im Sitzen oder Stehen

Gut für: Lockerung des Nackens gegen Verspannungen

Beugung abwechselnd vor und zurück

- Kopf mit Ausatmung entspannt auf die Brust / in den Nacken sinken lassen (1/2), evtl. eine zeitlang locker hängen lassen, mit Einatmung langsam wieder aufrichten

Beugung abwechselnd nach rechts und links

- Kopf mit Ausatmung entspannt nach rechts / links sinken lassen (3), evtl. eine zeitlang locker hängen lassen mit Einatmung langsam wieder aufrichten

Drehung abwechselnd nach rechts und links

- Kopf mit Ausatmung aufrecht nach rechts / links drehen (4), mit Einatmung langsam wieder nach vorne

je 3 bis 5 mal

1

2

3

4

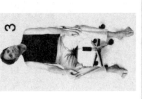

Vorsicht: Bei gravierenden Nackenproblemen Kopf nicht oder nur sehr behutsam nach hinten neigen!

Version 1.3

© Dr. Hans Kugler

Nackenkreise

M-B3-2

sanfte Bewegung für Schultern und Nacken im Sitzen oder Stehen

yoga selware

Gut für: Lockerung des Nackens gegen Verspannungen

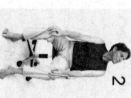

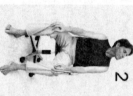

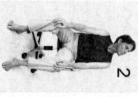

Nackendreieck
- mit Ausatmung Kopf auf die Brust sinken lassen, mit halber Einatmung dann zur rechten Schulter (1), und weiter einatmend zur linken Schulter
- nach einigen Wiederholungen dasselbe in umgekehrter Richtung

Kinnhalbkreis
- Mit Einatmung Kinn im Halbkreis nach links oben führen (Hinterkopf dabei zur rechten Schulter), mit Ausatmung zurück über Ausgangslage und dasselbe zur anderen Seite (2)

Nackenrolle (nicht bei empfindlichem Nacken!)
- mit Ausatmung Kopf auf die Brust sinken lassen
- mit Einatmung Kopf langsam & behutsam über rechte Schulter nach hinten rollen (3), mit Ausatmung über linke Schulter weiter nach vorne (4)
- nach einigen Wiederholungen dasselbe in umgekehrter Richtung

je 5 bis 10 mal

Vorsicht: Bei gravierenden Nackenproblemen Kopf nicht oder nur sehr behutsam nach hinten neigen!

Version 1.3   © Dr. Hans Kugler

Isometrische Nackenübungen

M-B3-3

kraftvolle Bewegung für Schultern und Nacken
im Sitzen oder Stehen

yogá selfware

Gut für: Lockerung und Kräftigung des Nackens gegen Verspannungen

1

2

3

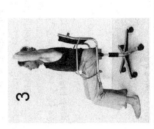

Nach rechts und links

• Einatmen und mit angehaltenem Atem Wange
  kräftig gegen die rechte Hand drücken, solange
  angenehm (1)

• Dasselbe nach links

Nach vorne

• Einatmen und mit angehaltenem Atem Wangen
  kräftig nach vorne gegen beide Hände drücken,
  solange angenehm (2)

Nach hinten

• Einatmen und mit angehaltenem Atem
  Hinterkopf kräftig gegen die verschränkten
  Hände drücken, solange angenehm (3)

je 1 bis 3mal

Vorsicht bei: besonders empfindlichem Nacken

Isometrische Schulterübungen

 yoga selware

M-B3-4
kraftvolle Bewegung für Schultern und Nacken
im Sitzen oder Stehen

Gut für: Lockerung und Kräftigung der Schultern gegen Verspannungen

Beide nach oben

- Mit Einatmung Schultern hochziehen, ca. 5 sec Atem und Spannung halten, mit Ausatmung entspannt nach unten fallen und evtl. eine zeitlang locker hängen lassen (1)

Beide nach hinten

- Mit Einatmung Schultern nach hinten ziehen, ca. 5 sec halten, mit Ausatmung entspannt nach vorne fallen und evtl. eine zeitlang locker hängen lassen (2)

Eine nach oben, eine nach unten

- Mit Einatmung die rechte Schulter nach oben ziehen und die linke nach unten, ca. 5 sec halten, mit Ausatmung entspannt in Ausgangslage zurückkehren und evtl. Schultern eine zeitlang locker hängen lassen(3)

- Dasselbe zur anderen Seite

je 3 bis 5 mal

Vorsicht bei:

© Dr. Hans Kugler

Schulterkreise

M-B3-5

kraftvolle Bewegung für Schultern und Nacken
im Sitzen oder Stehen

yoga software

Gut für: Lockerung und Kräftigung der Schultern gegen Verspannungen

Mit hängenden Armen

- Mit Einatmung Schultern nach vorne & oben (1) rollen, mit Ausatmung nach hinten & unten (2)
- Dasselbe in der Gegenrichtung

Mit hängenden Armen gegengleich

- Mit Einatmung rechte Schultern nach vorne & oben rollen, mit Ausatmung nach hinten & unten, linke Schulter dazu gegengleich, d.h. mit der Einatmung nach hinten & unten, mit der Ausatmung nach vorne & oben (3)
- Dasselbe in der Gegenrichtung

Mit angewinkelten Armen

- Arme anwinkeln, Ellbogen zusammen, Fingerspitzen auf Schultern (4)
- Mit Einatmung Ellbogen nach oben kreisen lassen, mit Ausatmung nach hinten & Unten
- Dasselbe in der Gegenrichtung

je 5 bis 10 mal

Vorsicht bei:

Version 1.3

© Dr. Hans Kugler

97

Die Arme aktivieren

M-B4-1

kraftvolle Bewegung für Hände und Arme
im Sitzen oder Stehen

yoga sellware

Gut für: Lockerung Schultern und Arme, Streckung Rücken, Aktivierung Energie

1

2

3

4

Ausgangsstellung
* Finger ineinander verschränken und Hände auf den Brustkorb legen (1)

Nach vorne
* Mit Einatmung Handflächen nach vorne strecken, Stellung und Atem etwas halten (2), mit Ausatmung zurück in Ausgangsstellung

Nach oben
* Mit Einatmung Handflächen nach oben strecken Stellung und Atem etwas halten (3), mit Ausatmung zurück in Ausgangsstellung

Nach hinten
* Verschränkte Hände in den Nacken (4)
* Mit Einatmung Ellbogen nach hinten ziehen, Stellung und Atem etwas halten, mit Ausatmung Ellbogen entspannen

je 3 bis 5 mal

Vorsicht bei:

Version 1.3

© Dr. Hans Kugler

98

M-B4-2

sanfte Bewegung für Hände und Arme
im Sitzen oder Stehen

Die Ellbogen beugen & kreisen

yoga selfware

Gut für: Vorbeugung und Linderung von Gelenkbeschwerden

Beugen und Strecken

- Beide Arme waagrecht nach vorne strecken, Handflächen nach oben (1)
- mit Einatmung Fingerspitzen zu den Schultern (2), mit Ausatmung zurück

Kreisen

- Rechten Ellbogen angewinkelt in die linke Handfläche legen (3)
- Mit Einatmung den rechten Unterarm nach links & oben kreisen lassen, mit Ausatmung nach rechts & unten und nach einigen Wiederholungen dasselbe auch in der Gegenrichtung (4)
- Dasselbe auch für den linken Arm

je 5 bis 10 mal

1

2

3

4

Vorsicht bei:

Version 1.3

© Dr. Hans Kugler

99

Finger- & Handgelenkübungen

yoga selfware

M-B4-3

sanfte Bewegung für Hände und Arme
im Sitzen oder Stehen

Gut für: Vorbeugung und Linderung von Gelenkbeschwerden

Ausgangsstellung
- beide Arme waagrecht nach vorne gestreckt, Handflächen nach unten

Finger spreizen
- mit Einatmung Finger spreizen (1), mit Ausatmung Fäuste um Daumen machen

Handgelenke beugen
- mit Einatmung gestreckte Hände langsam nach oben beugen (2), mit Ausatmung nach unten

Handgelenke kreisen an beiden Armen
- In Ausgangsstellung Fäuste um Daumen machen
- Mit Einatmung beide Fäuste nach innen & oben kreisen, mit Ausatmung nach außen & unten (3)
- Nach einigen Wiederholungen dasselbe in Gegenrichtung

Handgelenk kreisen an einem Arm
- In Ausgangsstellung mit der linken Hand stützend das rechte Handgelenk fassen (4)
- Handgelenk wie oben in beiden Richtungen kreisen
- Dasselbe auch mit der linken Hand

je 5 bis 10 mal

Vorsicht bei:

© Dr. Hans Kugler

Die Hände aktivieren

yoga selfware

M-B4-4

Bewegung für Hände und Arme
im Sitzen oder Stehen

Gut für: Anregung der Handreflexzonen, Energie und Wachheit

Hände reiben

- Handinnenflächen aneinander warm reiben, evtl.
  - sanft auf die Augenhöhlen legen oder (1)
  - ganz nah an den Nacken halten (2)
- Innenfläche der einen Hand gegen Handrücken anderen reiben
- Handkante der einen gegen Handfläche der anderen Hand reiben (3)

Hände klopfen, klatschen, schütteln

- Handkante der einen gegen aufgespannte Handfläche der anderen Hand klopfen (4)
- Hände klatschen
- Hände ausschütteln

je 10 bis 20 Sekunden

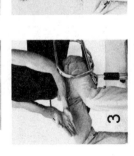

Vorsicht bei:

Version 1.3

© Dr. Hans Kugler

Augengrundübungen

M-B5-1

sanfte Bewegung für die Augen
im Sitzen oder Stehen

yoga selware

Gut für: Entspannung und Kräftigung der Augenmuskeln

1

2

3

4

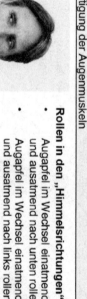

Rollen in den „Himmelsrichtungen"

- Augapfel im Wechsel einatmend nach oben (1) und ausatmend nach unten rollen
- Augapfel im Wechsel einatmend nach rechts (2) und ausatmend nach links rollen
- Augapfel im Wechsel einatmend nach rechts oben (3) und ausatmend nach links unten rollen
- Augapfel im Wechsel einatmend nach links unten rollen (4) und ausatmend nach rechts unten rollen

Kreise und Kreuze

- Augapfel im / gegen den Uhrzeigersinn kreisen, einatmend nach oben, ausatmend nach unten
- Die ersten beiden Übungen von oben zu einer „Kreuzbewegung" kombinieren

je 5 bis 10 mal

- **zum Abschluss: Augen wärmen**
  Handflächen kräftig aneinander reiben und dann wärmend ohne Druck auf die geschlossenen Augen legen und Augen dabei entspannen

Version 1.3   **Vorsicht bei:**   © Dr. Hans Kugler

Verspannungen lösen

M-Z-1
zusammengesetzte Kurzfolge
im Sitzen oder Stehen

yoga software

Gut für: Lockerung Augen, Nacken und Schultern, Arme und Hände, Aktivierung Energie und Reflexzonen

- **Fester Sitz (L-A-1) oder aufrechter**
  Stand mit hüftbreiten Beinen (N-A-1)
  tief und ruhig atmend den Geist sammeln,
  dann mit fließenden Übergangen:

- **Augengrundübungen: Kreise und Kreuze**
  je 5 mal, danach warme Hände auf Augen (M-B5-1)

- **Nackendreieck und Kinnhalbkreis (1)**
  je 5 mal (M-B3-2)

- **Schulterkreise mit angewinkelten Armen (2)**
  je 5 mal (M-B3-5)

- **Arme aktivieren (3)**
  je 2 mal (M-B4-1)

- **Hände aktivieren (4)**
  je 10 Sek, dabei Nacken & Augen wärmen (M-B4-4)

- **Fester Sitz (-> L-A-1) oder aufrechter**
  Stand mit hüftbreiten Beinen (N-A-1)
  nachspüren und entspannen

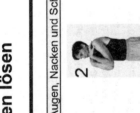

Vorsicht bei: gravierenden Nackenproblemen

Version 1.3

© Dr. Hans Kugler

Der aufrechte Stand

yoga seilware

Gut für: bewusste und aufrechte Haltung

1

2

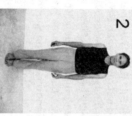

3

4

Mit hüftbreiten Beinen
•Füße hüftgelenkbreit auseinander und parallel,
Körpergewicht nach Anheben und Wiederablegen
der Zehen gleichmäßig auf Sohlen verteilt
•Knie entspannt, Becken und Oberkörper durch
Druck von Fersen und Fußkanten in den Boden
aufgerichtet, Bauchdecke sich weich mit dem Atem
bewegend
•Kopf aufrecht, Arme entspannt, Schultern nach
unten und hinten sinkend (1)

Mit geschlossenen Beinen
•Fersen und große Zehenballen berühren sich,
ansonsten wie oben (2)

Mit leicht / breit gegrätschten Beinen
•Etwa eine halbe / ganze Beinlänge Abstand
zwischen den Füßen, ansonsten wie oben (3)

Mit gefalteten Händen
•Hände vor dem Oberkörper mit sanftem Druck
gefaltet ohne ihn zu berühren, hinten sanfter Zug
zwischen den Schulterblättern, Unterarme waagrecht

Vorsicht bei:

Der Kreuzgang

yoga seltware

N-B0-1

Bewegung für den ganzen Körper im Stehen

Gut für: Gleichwicht, Koordination Gehirn- und Körperhälften, Rücken und Schultern, Kreislauf

Ausgangslage

- Aufrechter Stand mit hüftbreiten Beinen (N-A-1)

Kreuzgang

In einer gleichmäßig fließenden Bewegung:

- Mit tiefer Einatmung den rechten Arm weit nach oben strecken und gleichzeitig das linke Bein anwinkeln, dabei den Rücken strecken (1), mit der Ausatmung zurück in die Ausgangslage

- Dasselbe spiegelbildlich zur anderen Seite (2) und so abwechselnd weiter

Variationen

- Langsames Tempo: Gleichgewichtsübung
- Schnelles Tempo: Kreislaufübung
- Kombination von beidem durch Steigerung des Tempos nach langsamem Start und Reduktion des Tempos zum Ende der Übung

einige Minuten

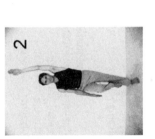

Vorsicht bei:

© Dr. Hans Kugler

Die Arme durch die Beine schwingen

N-B0-2

kraftvolle Bewegung für den ganzen Körper im Stehen

yoga seitware

Gut für: Kreislauf, Atmung, Gehirndurchblutung, Nerven in der Wirbelsäule, innere Organe, Rücken

Ausgangslage

- Im Aufrechten Stand mit breit gegrätschten Beinen (N-A-1) einatmend Arme über den Kopf strecken, Handgelenke locker baumeln lassen (1)

Die Arme durch die Beine schwingen lassen

- 5 bis 10 mal
  - mit einer kraftvollen Ausatmung die Arme durch die gegrätschten Beine schwingen lassen (2)
  - mit der Einatmung Arme und Oberkörper gestreckt bis in die Waagrechte zurück schwingen lassen (3)
- Dann mit der Einatmung wieder aufrichten in die Ausgangslage

1 bis 3 Durchgänge

Vorsicht bei: akuten Rückenbeschwerden, Bluthochdruck, Schwindelanfällen

Version 1.3   © Dr. Hans Kugler

N-B1-1

yoga selfware

Gegrätscht in die Knie gehen

kraftvolle Bewegung für den Unterkörper im Stehen

Gut für: Kräftigung von mittlerem Rücken & Becken, Oberschenkeln, Knien & Fußgelenken, Energiefluss

1 2

3 4

Ausgangslage

- Im aufrechten Stand mit breit gegrätschten Beinen (N-A-1) die Füße schräg nach außen drehen, einatmend Hände vor dem Körper verschränken und locker hängen lassen (1)

Gegrätscht in die Knie gehen

- ausatmend mit aufrecht (!) gestrecktem Rücken in Richtung der Fußspitzen in die Knie gehen, und zwar in 5 Runden

  1. Erst nur ein wenig (2)
  2. Dann deutlich mehr (3)
  3. Schließlich möglichst tief (4)
  4. Wie in der zweiten Runde
  5. Wie in der ersten Runde

- Nach jeder Runde mit der Einatmung langsam in die Ausgangslage zurückkehren
- Zum Abschluss in der Ausgangslage Beine und Rücken entspannen

1 bis 2 Durchgänge

Vorsicht bei: fortgeschrittener Schwangerschaft, Gebärmuttervorfall

Version 1.3

© Dr. Hans Kugler

107

Der aufrechte Drehschwung

yoga sellware

Gut für: Lockerung von Taille, Rücken und Hüften, Lösung von körperlichen und geistigen Verspannungen

1

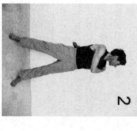

2

Ausgangslage

- Aufrechter Stand mit leicht gegrätschten Beinen (N-A-1)
- Mit Einatmung Arme zur Seite strecken (1)

Die Arme seitlich schwingen lassen

- ausatmend Kopf und Oberkörper aufrecht nach links drehen, rechte Hand auf die linke Schulter, linken Handrücken auf die rechte Hüfte (2), einatmend zurück in die Ausgangslage
- dann ausatmend spiegelbildlich nach rechts drehen, einatmend wieder zurück usw.

Variationen

- Langsames Tempo mit exakter Armführung
- Schnelles Tempo mit schwingender Bewegung

einige Minuten

Vorsicht bei:

© Dr. Hans Kugler

Der Drehschwung
im rechten Winkel

N-B2-2

kraftvolle Bewegung für den Oberkörper
im Stehen

yoga software

Gut für: Lockerung und Kräftigung von Taille, Rücken und Hüften

Ausgangslage

- Aufrechter Stand mit leicht gegrätschten Beinen (N-A-1)
- Mit Einatmung Arme zur Seite strecken und Oberkörper zum rechten Winkel vorbeugen (1)

Drehschwung im rechten Winkel

- ausatmend Kopf und Oberkörper nach links drehen, rechte Hand zum linken Fuß, linke Hand nach oben gestreckt, Blick auf sie gerichtet (2), einatmend zurück in die Ausgangslage
- dann ausatmend spiegelbildlich nach rechts drehen, einatmend wieder zurück usw.

Variationen

- Langsames Tempo mit exakter Armführung
- Schnelles Tempo mit schwingender Bewegung

einige Minuten

1

2

Vorsicht bei: akuten Rückenproblemen besonders im unteren Rücken

Version 1.3

© Dr. Hans Kugler

109

Die Arme öffnen

N-B4-1

sanfte Bewegung für Hände und Arme im Stehen

yoga seliware

Gut für: Schultern und oberen Rücken, Atemvolumen

1

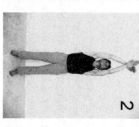

2

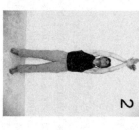

3

Ausgangslage

- Aufrechter Stand mit hüftbreiten Beinen (N-A-1)
- Handgelenke vor dem Körper gekreuzt (1)

Die Arme öffnen

- Mit tiefem (und leicht gebremsten) Einatmen die gekreuzten Arme langsam über den Kopf strecken, der Blick folgt den Händen (2)
- Mit dem Ausatmen die Arme seitlich bis auf Schulterhöhe absenken, Handflächen nach oben geöffnet (3)
- Mit dem Einatmen Arme wieder über den Kopf strecken und bei den Handgelenken kreuzen
- Mit dem Ausatmen zurück in die Ausgangslage

Vorsicht bei:

© Dr. Hans Kugler

Den Bogen spannen

N-B4-2
kraftvolle Bewegung für Hände und Arme
im Stehen

yoga selfware

Gut für: Kräftigung und Lockerung von Schultern, Nacken, Armen und Händen

Ausgangslage

- Aufrechter Stand mit leicht gegrätschten Beinen (N-A-1), Füße schräg nach außen gedreht

Den Bogen in der rechten Hand spannen

- Einatmend den rechten Arm schräg nach vorne strecken, Faust um den Daumen schließen: den Bogen halten (1)

- ausatmend linke Hand neben rechte Hand strecken, ebenfalls Faust um den Daumen schließen: die Sehne fassen (2)

- mit gebremster Einatmung Sehne des Bogens mit der linken Hand langsam und kraftvoll bis zur linken Schulter ziehen (3), ausatmend loslassen und wieder nach der Sehne greifen

- Noch 2 mal den Bogen spannen

Den Bogen in der linken Hand spannen

- spiegelbildlich zur anderen Seite

rechts und links je 3 mal

2

3

Vorsicht bei:

Version 1.3

© Dr. Hans Kugler

111

Die Vorbeuge im Stand

yoga selware

N-S2-1
Vorwärtsbeugung
im Stehen

Gut für: Verdauungsorgane, Wirbelsäule und ihre Nerven, Gehirndurchblutung, Vitalität und Stoffwechsel

Ausgangslage
- aufrechter Stand mit hüftbreiten Beinen (N-A-1)

Vorwärtsbeuge mit rollendem Rücken
- Langsam ausatmend Kopf und Oberkörper
  Wirbel für Wirbel nach unten rollen lassen
- ruhig atmend Kopf und Oberkörper baumeln lassen (1),
  Dauer allmählich bis zu einigen Minuten steigern
- Langsam einatmend Wirbel für Wirbel wieder aufrichten

Vorwärtsbeuge mit gestrecktem Rücken
- Ausgangslage: einatmend Arme nach oben strecken
- Ausatmend mit gestrecktem Rücken und Armen
  über den rechten Winkel (2) nach vorne beugen
  und Hände neben den Füßen zum Boden bringen (3)
  oder Unterarme hinter den Waden verschränken (4)
- ruhig atmend die Stellung halten,
  Dauer allmählich bis zu einigen Minuten steigern
- Einatmend über den rechten Winkel wieder aufrichten,

Dynamische Vorwärtsbeuge mit gestrecktem Rücken
- Wie oben in schnellem Tempo 10 bis 20 mal

Vorsicht bei: Ischias und akuten Rückenproblemen, Bluthochdruck, Herzleiden, Bruch

Version 1.3

© Dr. Hans Kugler

Das Dreieck - Grundformen

yoga software

Gut für: Seitenmuskeln von Rumpf und Beinen, Nervensystem, Verdauungs- und Fortpflanzungsorgane

Ausgangslage

- Aufrechter Stand mit breit gegrätschten Beinen (N-A-1), Arme seitlich in die Hüften gestützt

Das Dreieck - Grundform

- Mit der Ausatmung rechte Hand seitlich am Bein nach unten gleiten lassen, linken Hand am Rumpf nach oben und etwas in den Rumpf drücken, so dass sich der linke Ellbogen leichter zur Decke strecken lässt, Kopf und Blick nach oben (1),

- in der Stellung Atem anhalten solange angenehm, oder einige Atemzüge tief und ruhig weiteratmen

- Mit der Einatmung im umgekehrten Bewegungs-Ablauf wieder aufrichten und dasselbe nach links

Variationen der Grundform

- In der Ausgangslage eine Hand nach oben gestreckt und der Kopf zum Oberarm gedreht, die andere Hand seitlich am Körper und der Fuß nach außen gedreht (2)

- Mit der Ausatmung in diese Richtung beugen, möglichst bis der obere Arm waagrecht (3)

- Dabei evtl. das Knie dieser Seite leicht beugen und Unterarm an Schienbein anlegen (4)

2

4

3

Vorsicht bei: akuten Rückenproblemen

Version 1.3

© Dr. Hans Kugler

113

Das Dreieck –
fordernde Formen

yoga sellware

Gut für: Seitenmuskeln von Rumpf und Beinen, Nervensystem, Verdauungs- und Fortpflanzungsorgane

1

2

3

4

Ausgangslage

- Aufrechter Stand mit breit gegrätschten Beinen (N-A-1), Arme waagrecht zur Seite gestreckt
- Dreieck nach rechts: Fuß nach außen drehen

Das Dreieck mit Drehung nach hinten

- Mit der Ausatmung linke Hand rechts vom rechten Fuß zum Boden, rechte Hand nach oben strecken und zur Hand blicken (1)

Das Dreieck mit hinten verschränkten Händen

- Ausatmend die Hände im Rücken verschränken, über das rechte Knie beugen und Arme nach hinten und oben strecken, Kopf nach unten (2)

Das Dreieck auf den Boden gestützt

- Ausatmend mit gebeugtem Knie die rechte Hand links vom rechten Fuß zum Boden, die linke Hand nach oben strecken und zur Hand blicken (3), oder den linken Arm waagrecht über den Kopf absenken (4)

in der Stellung Atempause solange angenehm, oder einige tiefe und ruhige Atemzüge

Die Palme

yoga software

Gut für: Dehnung und Lockerung des Rückens, Kräftigung Rumpfmuskulatur, inneres Gleichgewicht

Die Palme

- Ausgangslage: Im aufrechten Stand mit geschlossenen Beinen (N-A-1) verschränkte Hände mit Handrücken auf den Kopf
- einatmend Handflächen weit nach oben strecken, möglichst dabei auf die Zehenballen kommen (1)
- Atem und Stellung halten solange angenehm, Fersen können sich dabei gegenseitig stützen
- Mit Ausatmung Handrücken wieder auf Kopf absenken und Fußsohlen zurück zum Boden

Die schwingende Palme

- Im aufrechten Stand mit leicht gegrätschten Beinen (-> N-A-1), Handflächen weit nach oben wie bei Palme ausatmend Oberkörper mit gestreckten Armen nach links beugen, dabei Hüfte etwas recht rechts schieben
- Atem und Stellung halten solange angenehm, einatmend Oberkörper wieder aufrichten
- Dasselbe dann zur anderen Seite

je 3 bis 5 mal

Vorsicht bei:

Version 1.3

© Dr. Hans Kugler

115

Die Streckung

yoga sellware

Gut für: Kräftigung von Bein- und Rückenmuskeln, Vorbeugung gegen Rückenbeschwerden

1

2

3

Ausgangslage

- Aufrechter Stand mit geschlossenen Beinen (N-A-1)

Die einfache Streckung

- Einatmend die Hände schulterbreit nach oben strecken, Kopf in den Nacken, Oberkörper leicht nach hinten beugen (1)
- Stellung einige tiefe und ruhige Atemzüge halten
- Ausatmend zurück zur Ausgangslage

Die kraftvolle Streckung

- Einatmend Arme mit gefalteten Händen über den Kopf strecken, Schultern nach unten ziehen
- Ausatmend das Becken möglichst weit nach unten und hinten absenken, Fußaußenkanten fest in den Boden drücken, Arme und Oberkörper weit nach oben strecken (2)
- Stellung einige tiefe und ruhige Atemzüge halten
- Einatmend Beine strecken, ausatmend Arme wieder senken und nachspürend den Körper entspannen

Die kraftvolle Streckung in der Hocke

- Körper bis in die Hocke absenken, dabei, wenn nötig, auf die Zehenballen kommen (3)

Vorsicht bei: fortgeschrittene Schwangerschaft, Gebärmuttervorfall

Version 1.3

© Dr. Hans Kugler

Der Winkel

yoga selfware

N-S6-3

Dehn- und Streckübung
im Stehen

Gut für: oberen Rücken und Schultern, aufrechte Haltung

1

2

3

Ausgangslage

- Im aufrechten Stand mit geschlossenen Beinen (N-A-1) Hände über den Kopf strecken, dabei Hände und Finger nach vorne hängen lassen (1)

Rechter Winkel

- Ausatmend mit gestrecktem Rücken und etwas nach hinten gewölbtem Gesäß (aus den Hüften!) zum rechten Winkel nach vorne beugen, dabei nach vorne schauen und Knie strecken (2)

- Stellung mit angehaltenem Atem und lockeren Handgelenken bis zu 5 Sekunden halten

- Einatmend gestreckten Oberkörper wieder aufrichten und ausatmend die Arme senken

Variation: der Doppelwinkel

- Im aufrechten Stand mit hüftbreiten Beinen (-> N1) Hände im Rücken verschränken

- Ausatmend Oberkörper aus den Hüften möglichst weit nach vorne beugen, dabei die verschränkten Arme möglichst weit nach oben strecken, Schulter-Blätter zusammenziehen, Kopf in den Nacken (3)

- Einige Atemzüge halten und einatmend aufrichten

bis zu 5 mal wiederholen

Vorsicht bei: akuten Problemen im unteren Rücken (-> rechter Winkel) oder in den Schultern (-> Doppelwinkel)

Der Baum

 yoga selfware

Gut für: Bein- und Fußmuskeln und –Gelenke, Konzentration und Körperkontrolle, inneres Gleichgewicht

Ausgangslage für die rechte Seite

- Im aufrechten Stand mit hüftbreiten Beinen das rechte Bein seitlich anwinkeln und mithilfe der rechten Hand die Fußsohle möglichst weit oben an die Innenseite des linken Beins drücken, den Blick fixieren (1)

Der Baum

- wenn das Gleichgewicht stabil, rechte Hand vom Fußgelenk lösen und beide Hände vor der Brust falten (2)
- Stellung ruhig atmend halten
- evtl. gefaltete Hände auf Schädeldecke ablegen (3) und / oder über den Kopf strecken (4),dort jeweils eine zeitlang halten
- Stellung in umgekehrter Reihenfolge der Schritte wieder auflösen
- Dasselbe dann auch mit dem linken Bein

Beinvariation

- Angewinkeltes Bein im ½ Lotus mit dem Fuß in der Leistenbeuge (4)

½ **bis 1 Minute pro Position**

Vorsicht bei:

© Dr. Hans Kugler

Der Adler

yoga software

N-S7-2

Kraft- und Gleichgewichtsübung
im Stehen

Gut für: Muskeln, Gelenke und Nerven von Armen und Beinen, Ischias und Rheuma

Ausgangslage für die rechte Seite

- Im aufrechten Stand das rechte Bein über das leicht gebeugte linke Bein schlagen und den rechten großen Zeh zum Gleichgewicht auf den Boden abstützen, den Blick auf dem Boden fixieren (1)

Der Adler

- den rechten Oberarm möglichst nah bei der Achsel in die linke Armbeuge und die Handflächen aneinander legen (2) oder die Hände verschränken mit den Daumen vor dem Gesicht (3)

- mit dem rechten Fuß von hinten den linken Unter-Schenkel umschlingen, dazu das linke Bein mit aufrechtem Rücken noch etwas weiter beugen (4)

- Position ruhig atmend halten solange möglich
- Nach Auflösung der Stellung Arme und Beine aufrecht stehend entspannen und dasselbe spiegelbildlich zur anderen Seite

bis zu 3 mal pro Seite

2

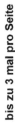

1

4

3

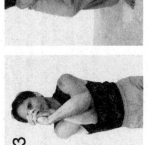

Vorsicht bei:

Version 1.3

© Dr. Hans Kugler

119

Die Standwaage

yoga selware

N-S7-3
Kraft- und Gleichgewichtsübung
im Stehen

Gut für: Arm-, Hüft- und Beinmuskulatur, Entlastung des unteren Rückens, Konzentration & Körperkontrolle

1 2

3

Ausgangslage für die rechte Seite

- Im aufrechten Stand mit geschlossenen Beinen (N-A-1) die Arme mit verschränkten Händen über den Kopf strecken, Körpergewicht auf das rechte Bein verlagern, linkes Bein vom Boden lösen und Zehenspitze von hinten an die rechte Ferse, Knie schräg von hinten an die rechte Kniekehle (1)

Die Standwaage

- ausatmend Oberkörper und linkes Bein in einer geraden Linie möglichst bis zur Waagrechten bringen ohne die Hüften seitlich zu drehen
- ruhig weiteratmend die Stellung halten, solange möglich oder angenehm, dabei Blick nach unten, Arme, Beine und Oberkörper gestreckt (2)
- einatmend langsam wieder aufrichten, und nach kurzer Entspannung dasselbe spiegelbildlich

Fordernde Variation: Der Kranich

- In der Standwaage weiter vorwärts beugend mit beiden Händen Zehen des Standbeins fassen (3)

je 1 mal

Vorsicht bei: Bluthochdruck

Version 1.3

© Dr. Hans Kugler

Das Bein in der Hand strecken

N-S7-4

fordernde Kraft- und Gleichgewichtsstellung im Stehen

yoga software

Gut für: Kräftigung von Hüft- und Beinmuskeln, Konzentration und Körperkontrolle

Ausgangslage für die rechte Seite

- Im aufrechten Stand mit hüftbreiten Beinen (N-A-1) den linken Unterarm anwinkeln mit der Handfläche nach vorne und dem Zeigefinger zur Daumenwurzel eingerollt, das rechte Bein anwinkeln und den Fuß von außen mit der rechten Hand fassen (1)

Das Bein in der Hand nach vorne strecken

- Einatmend das angewinkelte Bein mit der Hand am Fuß und mit aufrechtem Rücken nach vorne strecken, linke Hand gleichzeitig nach oben strecken (2)

- Stellung mit angehaltenem Atem oder weiteratmend bis zu 1 min halten

- mit Ausatmung zurück in Ausgangslage dasselbe auch mit dem linken Bein

Variation: Das Bein in der Hand zur Seite strecken

- In der Ausgangslage rechte Ferse von innen mit der Hand fassen (3)

- Das Bein in der Hand nach rechts strecken (4)

wenn Gleichgewicht nicht stabil, 3 bis 5 Versuche je Seite

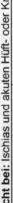

1

2

3

4

Vorsicht bei: Ischias und akuten Hüft- oder Knieproblemen

Version 1.3

© Dr. Hans Kugler

121

Shivas Tanzhaltung

yoga seliware

N-S7-5
fördernde Kraft- und Gleichgewichtsübung
im Stehen

Gut für: Geschmeidigkeit der Beine, Kräftigung Rücken und Schultern, Konzentration und Körperkontrolle

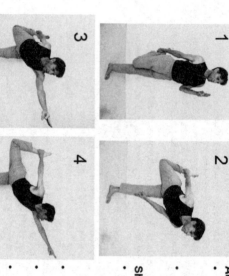

1 **2** **3** **4**

Ausgangslage für die rechte Seite

- Im aufrechten Stand linken Unterarm anwinkeln, Handfläche nach vorne, Zeigefinger zur Daumen-Wurzel eingerollt („Bewusstheitsgeste"-> V–E2-2)
- das rechte Bein anwinkeln und Fußgelenk mit der rechten Hand fassen, rechtes Knie von schräg hinten an das linke Knie (1)

Shivas Tanzhaltung

- Mit der Ausatmung nach vorne beugend die linke Handfläche (bei unveränderter Fingerstellung) von der Hüfte bis zum Knie hinunter gleiten lassen, dabei rechtes Knie nach hinten anheben ohne die Hüften zu drehen (2)
- Einatmend die linke Hand in Augenhöhe nach vorne strecken, Handfläche nach unten (3)
- das rechte Bein noch möglichst weit anheben und Stellung ruhig atmend halten solange angenehm und in umgekehrter Abfolge in Ausgangslage zurück, und evtl. nach kurzer Entspannung dasselbe links

je 1 mal

Vorsicht bei: akuten Rückenproblemen

© Dr. Hans Kugler

Sich sanft aufwärmen

yoga selfware

N-Z-1

zusammengesetzte Kurzfolge
im Stehen

Gut für: Rumpf & Rücken, Verdauungs- & Fortpflanzungsorgane, Atemvolumen, Gehirn & Nervensystem

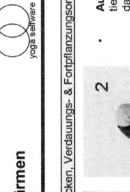

- **Aufrechter Stand mit hüftbreiten Beinen**
  tief und ruhig atmend den Geist sammeln (N-A-1),
  dann mit fließenden Übergangen:

- **Arme öffnen (1)**
  1 bis 2 mal (N-B4-1)

- **Vorbeuge im Stand (2)**
  1 bis 2 mal mit Verweilen in Stellung (N-S2-1)

- **Arme öffnen (1)**
  1 bis 2 mal (N-B3-1)

- **(evtl. schwingende) Palme (3)**
  1 bis 2 mal (N-S6-1)

- **Dreieck – Grundform (4)**
  1 bis 2 mal (N-S4-1)

- **Palme (3)**
  1 bis 2 mal (N-S6-1)

- **Aufrechter Stand mit hüftbreiten Beinen**
  entspannen und nachspüren (N-A-1)

Vorsicht bei: Vorbeuge im Stand -> akute Rückenprobleme, Bluthochdruck, Herzleiden, Bruch

Version 1.3

© Dr. Hans Kugler

Sich dynamisch aufwärmen

yoga selware

N-Z-2
zusammengesetzte Kurzfolge
im Stehen

1

2

- **Aufrechter Stand mit hüftbreiten Beinen**
tief und ruhig atmend den Geist sammeln (N-A-1),
dann mit fließenden Übergangen:

- **Vorbeuge im Stand –dynamische Variation (1)**
5 bis 10 mal (N-S2-1)

- **Aufrechter Drehschwung (2)**
langsam – schnell – langsam (N-B2-1)

- **Drehschwung im rechten Winkel (3)**
langsam – schnell – langsam (N-B2-2)

- **Arme durch die Beine schwingen lassen (4)**
1 bis 2 Durchgänge (N-B0-2)

- **Aufrechter Stand mit hüftbreiten Beinen**
entspannen und nachspüren (N-A-1)

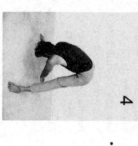

3

4

Version 1.3

© Dr. Hans Kugler

124

Die Muskeln kräftigen

N-Z-3

zusammengesetzte Kurzfolge
im Stehen

yoga software

Gut für: Kräftigung von Nacken & Schultern, Armen & Händen, mittlerem Rücken & Beinen, Energiefluss

- **Aufrechter Stand mit hüftbreiten Beinen**
  tief und ruhig atmend den Geist sammeln (N-A-1),
  dann mit fließenden Übergangen:

- **Isometrische Nackenübungen (1)**
  je 2 mal (M-B3-3)

- **Isometrische Schulterübungen (2)**
  je 2 mal (M-B3-4)

- **Gegrätscht in die Knie gehen (3)**
  1 Durchgang (N-B1-1)

- **Den Bogen spannen (4)**
  je 2 mal (N-B4-2)

- **Aufrechter Stand mit hüftbreiten Beinen**
  entspannen und nachspüren (N-A-1)

Vorsicht bei: fortgeschrittene Schwangerschaft, Gebärmuttervorfall (-> gegrätscht in die Knie gehen)

Version 1.3

© Dr. Hans Kugler

Sich dehnen und strecken

N-Z-4

zusammengesetzte Kurzfolge
im Stehen

yoga selfware

Gut für: Kräftigung von Nacken & Schultern, Armen & Händen, mittlerem Rücken & Beinen, Energiefluss

1

2

3

4

- **Aufrechter Stand mit hüftbreiten Beinen**
  tief und ruhig atmend den Geist sammeln (N-A-1),
  dann mit fließenden Übergangen:

- **Schwingende Palme (1)**
  je 2 mal (N-S6-1)

- **Kraftvolle Streckung (2)**
  1 mal (N-S6-2)

- **Rechter Winkel (3)**
  1 mal (N-S6-3)

- **Doppelwinkel (4)**
  1 mal (N-S6-3)

- **Aufrechter Stand mit hüftbreiten Beinen**
  entspannen und nachspüren (N-A-1)

Vorsicht bei: fortgeschrittene Schwangerschaft, Gebärmuttervorfall (-> gegrätscht in die Knie gehen)

Version 1.3

© Dr. Hans Kugler

Das Dreieck fordern

yoga software

Gut für: Seitenmuskeln von Rumpf und Beinen, Nervensystem, Verdauungs- und Fortpflanzungsorgane

- **Aufrechter Stand mit hüftbreiten Beinen**
tief und ruhig atmend den Geist sammeln (N-A-1),
dann mit fließenden Übergangen:

Erst mit Beugung nach rechts

- **Dreiecksgrundform (1)**
mit nach außen gedrehtem Fuß (N-S4-1)

- **Dreieck mit Drehung nach hinten (2)**
(N-S4-2)

- **Dreieck mit hinten verschränkten Händen (3)**
(N-S4-2)

- **Dreieck auf den Boden gestützt (4)**
mit Arm waagrecht über dem Kopf (N-S4-2)

Dann nach links: dieselbe Abfolge spiegelbildlich

- **Aufrechter Stand mit hüftbreiten Beinen**
entspannen und nachspüren (N-A-1)

Vorsicht bei: akuten Rückenproblemen

Version 1.3

© Dr. Hans Kugler

Das Gleichgewicht erobern

N-Z-6
zusammengesetzte Kurzfolge
im Stehen

yoga selfware

Gut für:

1

3

2

4

Erst auf dem linken Bein:

•**Aufrechter Stand mit hüftbreiten Beinen**
tief und ruhig atmend den Geist sammeln (N-A-1),
dann mit fließenden Übergangen:

•**Baum (1)**
mit über den Kopf gestreckten Händen (N-S7-1)

•**Standwaage (2)**
direkt aus Baumstellung (N-S7-3)

•**Das Bein in der Hand zur Seite strecken (3)**
nach Auflösen der Standwaage (N-S7-4)

•**Shivas Tanzhaltung (4)**
nach Auflösen der Vorübung (N-S7-5)

Dann auf dem rechten Bein: dieselbe Abfolge
spiegelbildlich

•**Aufrechter Stand mit hüftbreiten Beinen**
entspannen und nachspüren (N-A-1)

Vorsicht bei:

Version 1.3

© Dr. Hans Kugler

Der gestreckte Sitz

O-A-1

Ausgangs- oder Entspannungslage im Bodensitz

yoga software

Gut für:

1

2

3

4

Mit geschlossenen Beinen

- Mit aufrechtem Rücken und gestreckten Beinen auf dem Boden sitzend, Hände auf den Knien abgelegt, Fersen und große Zehenballen berühren sich (1)

Mit leicht gegrätschten Beinen

- Etwa eine halbe Beinlänge Abstand zwischen den Füßen, ansonsten wie oben (2)

Mit breit gegrätschten Beinen

- Etwa eine ganze Beinlänge Abstand zwischen den Füßen, ansonsten wie oben (3)

Armvariation dazu: hinten aufgestützt

- Der Rücken leicht nach hinten gelehnt und auf die gestreckten Arme mit nach hinten zeigenden Händen aufgestützt (4)

Vorsicht bei:

Version 1.3

Der angewinkelte Sitz

yoga seitware

O-A-2

Ausgangs- oder Entspannungslage
im Bodensitz

Gut für:

1

2

Nach vorne

* Mit aufrechtem Rücken sitzend, ein Bein nach
  vorne gestreckt, das zweite mit der Sohle an
  den Oberschenkel angewinkelt (1)

Nach vorne mit ½ Lotus

* Der Fuß des angewinkelten Beins in der
  Leistenbeuge des gestreckten Beins,
  ansonsten wie oben (2)

3

4

Zur Seite

* Das Bein nicht nach vorne sondern schräg
  zur Seite gestreckt, das zweite mit der Sohle
  an den Oberschenkel angewinkelt (3)

Zur Seite mit hinten angewinkeltem Bein

* Aus dem angewinkelten Sitz zur Seite das
  gestreckte Bein nach hinten angewinkelt,
  Oberkörper aufrecht, Hände auf den Knien
  (4)

Vorsicht bei:

Version 1.3

© Dr. Hans Kugler

Der gekreuzte Sitz

yoga software

O-A-3

Ausgangs- oder Entspannungslage im Bodensitz

Gut für:

Einfache Form: Knie über dem Boden

• Gekreuzte Beine untergeschlagen, am besten so hoch auf einer Unterlage sitzend, dass Rücken aufrecht, ohne sich anzustrengen, Hände auf den Knien, Schultern und Nacken entspannt, Bauch-Decke sich weich mit dem Atem bewegend (1)

Stabilere Formen: Knie auf dem Boden

• Unterschenkel voreinander auf dem Boden (2)
• Dann evtl. den vorderen Fuß auf den hinteren Unterschenkel (3)
• Dann evtl. die Spitze des oberen Fußes zwischen Ober- und Unterschenkel des anderen Beins nach unten, und evtl. außerdem die Spitze des unteren Fußes zwischen Ober- und Unter-Schenkel des anderen Beins nach oben (4)
• Schließlich evtl. untere Ferse etwas nach hinten und mit dem Damm auf die Ferse setzen

1

2

3

4

Vorsicht bei:

Version 1.3

© Dr. Hans Kugler

131

Der aufgestellte Sitz

yoga sellware

O-A-4

Ausgangs- oder Entspannungslage im Bodensitz

Gut für:

 1

 2

 3

 4

Mit verschränkten Händen

* Im gestreckten Sitz (O-A-1) beide Beine vor dem Oberkörper anwinkeln und mit verschränkten Händen unterhalb der Knie umfassen (1)

Entspannungshaltung im aufgestellten Sitz

* Dann die Stirn auf die Knie sinken lassen und mit rundem Rücken den Körper entspannen (2)

Mit gefassten Zehen

* Im gestreckten Sitz (O-A-1) beide Beine vor dem Oberkörper anwinkeln und die Knie umarmend mit Zeige-& Mittelfinger die großen Zehen umfassen (3)

Mit gegrätschten Beinen

* Im gestreckten Sitz (O-A-1) beide Beine breit gegrätscht vor dem Oberkörper anwinkeln und mit verschränkten Händen umfassen (4)

Vorsicht bei:

© Dr. Hans Kugler

Der Heldensitz

O-A-5

Ausgangs- oder Entspannungslage
im Bodensitz

yoga selfware

Gut für:

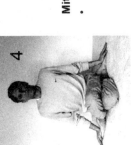

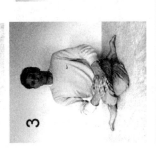

Mit verschränkten Händen

- Aus dem aufgestellten Sitz (O-A-4) einen Fuß unter dem anderen Bein hindurch nach hinten ziehen und die Außenseite des Knies zum Boden bringen (1)

- Den Fuß des oberen Beins ebenfalls nach hinten ziehen und, das Gesäß anhebend, mithilfe der anderen Hand die Außenseite des oberen Knies möglichst nah an die Innenseite des unteren Knies bringen (2),

- Gesäß zwischen den nach hinten gezogenen Füßen wieder absetzen und mit verschränkten Händen das obere Knie umfassen, Rücken aufrichten und Schultern entspannen (3)

Mit aufgestützten Händen

- Statt mit den verschränkten Händen das obere Knie zu umfassen, Hände mit den Handballen seitlich auf die Zehenballen gestützt (4)

Vorsicht bei:

Version 1.3

© Dr. Hans Kugler

133

Die Tierentspannungslage

yoga selware

O-A-6

Ausgangs- oder Entspannungslage
im Bodensitz

1

Ausgangslage nach rechts

- Im angewinkelten Sitz zur Seite mit dem linken Bein hinten angewinkelt (O-A-2)

Tierentspannungslage

- Einatmend die Arme weit über den Kopf strecken und ausatmend den gestreckten Oberkörper auf den rechten Oberschenkel sinken lassen, Stirn und Handflächen zum Boden (1)

- Entspannt in der Stellung verweilen und weiteratmen

- Einatmend den gestreckten Oberkörper mit gestreckten Armen wieder aufrichten und ausatmend dann die Arme sinken lassen

- Dasselbe nach links

Das Pferd reiten

yoga software

O-B0-1
Bewegung für den ganzen Körper
im Bodensitz

Gut für: Kräftigung Bauch- & Rückenmuskeln, Anregung Bauchorgane, Anregung & Balance Nervensystem

Ausgangslage

- Im aufgestellten Sitz mit verschränkten Händen (O-A-3) Fäuste neben die Knie und Blick im Raum auf Augenhöhe fixieren (1)

Das Pferd reiten

- Einatmend Oberkörper nach hinten lehnen und Beine mit den Fäusten neben den Knien schräg nach vorne strecken (2)
- Atem und Stellung kurz halten
- Ausatmend zurück in die Ausgangslage, ohne die Füße auf den Boden zu bringen
- Bewegung wiederholen solange angenehm

5 bis 10 mal

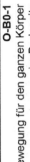
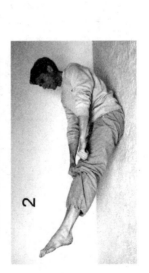

Vorsicht bei: Bluthochdruck und Herzbeschwerden, Ischias und akuten Bandscheibenproblemen

© Dr. Hans Kugler

Die Hüften öffnen

yoga selware

Gut für: Lockerung von Knie- und Hüftgelenken, Vorbereitung auf stabilere Formen des gekreuzten Sitzes

1

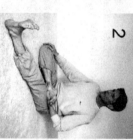

2

3

4

Ausgangslage für die rechte Seite
·Im angewinkelten Sitz links nach vorne mit dem rechten Bein im ½ Lotus (O-A-2), linke Hand unter das rechte Fußgelenk, rechte Hand unter das rechte Knie

Halber Schmetterling
·Einatmend rechtes Knie mit aufrechtem Rücken zur Brust hochziehen (1), ausatmend mit sanftem Druck der rechten Hand nach unten führen (2)
·Nach einigen Wiederholungen dasselbe links

ergänzend in derselben Lage: Kniekreise
·Knie des angewinkelten Beins mit den Händen in großen Kreisbewegungen führen, einatmend nach oben und ausatmend nach unten, erst einige Male im Uhrzeiger, dann umgekehrt (3)

je 5 mal bis 10 mal

Schmetterling
·Ausgangslage: Fußsohlen beider Beine vor dem Körper aneinander, Fußspitzen mit verschränkten Händen umfasst, Rücken aufrecht (4)
·Knie wie Flügel leicht schwingen lassen

Version 1.3

Vorsicht bei: Ischias und akuten Problemen des unteren Rückens (-> Schmetterling)

© Dr. Hans Kugler

Die Knie beugen & kreisen

yoga software

O-B1-2

Bewegung für den Unterkörper
im Bodensitz

Gut für: Kräftigung Oberschenkelmuskeln und Kniegelenkbänder

Ausgangslage rechts:
• Im gestreckten Sitz mit geschlossenen Beinen
(O-A-1) das gestreckte rechte Bein leicht anheben und mit
verschränkten Händen oberhalb des Knies umfassen,
Rücken aufrecht, Schultern unten (1)

Kniegelenkbeuge
• Ausatmend das Bein vor dem Körper anwinkeln (2),
einatmend zurück in die Ausgangslage, dabei Oberkörper
ruhig und aufrecht halten, Schultern unten

Direkt anschließend: Kniegelenkkreise
• Ausgangsstellung rechts: rechtes Bein vor dem
Oberkörper angewinkelt, Unterarme zwischen Ober- und
Unterschenkel verschränkt, Rücken aufrecht, Schultern
nach unten und etwas nach hinten (3)
• Mit aufrechtem und ruhigem Oberkörper den Fuß einige
große Kreise zeichnen lassen (4), erst mit Einatmen nach
links und oben, mit Ausatmen nach rechts & unten, Dann
mit Einatmen nach rechts und oben, mit Ausatmen nach
links und unten

Dasselbe spiegelbildlich links

je 5 bis 10 mal

2

4

1

3

Vorsicht bei:

Version 1.3

© Dr. Hans Kugler

Zehen- und Fußgelenkübungen

O-B1-3

sanfte Bewegung für den Unterkörper im Bodensitz

yoga selfware

Gut für: Lockerung der Fuß- und Zehengelenke, Auflösung von Lymph- und Venenrückstau in den Beinen

Fußgelenkkreise im ½ Lotus

- Ausgangslage: im angewinkelten Sitz mit ½ Lotus (O-A-2) den angewinkelten Fuß so nach außen überstehen lassen, dass er gut kreisen kann, die eine Hand auf dem Knie des gebeugten Beins, die andere die angewinkelte Fußspitze fassend
- Mit dieser Hand die Fußspitze kreisen lassen, erst einatmend nach hinten und oben, ausatmend nach vorne und unten, dann in der Gegenrichtung (1)
- Dasselbe auch mit dem anderen Bein

Fußgelenkkreise im gestreckten Sitz

- Bei leicht gegrätschten Beinen beide Füße spiegelbildlich kreisen lassen, erst einatmend nach innen und hinten, ausatmend nach außen und vorne, dann in der Gegenrichtung (2)

Fuß- / Zehengelenkbeuge im gestreckten Sitz

- Bei leicht gegrätschten oder geschlossenen Beinen die Füße / Zehen einatmend hin zum Körper beugen und ausatmend nach vorne (3 / 4)

je 5 bis 10 mal

Vorsicht bei:

Version 1.3

© Dr. Hans Kugler

Rücken und Becken wecken

yoga selfware

O-B2-1

kraftvolle Bewegung für den Oberkörper im Bodensitz

Gut für: Lockerung Wirbelsäule, Verdauung, Beseitigung Energieblockaden im Bauch- und Beckenraum

Ausgangslage:
• gestreckter Sitz mit breit gegrätschten Beinen (O-A-1)

Schwingender Drehsitz
• mit Einatmen Arme waagrecht zur Seite strecken
• ausatmend Arme mit aufrechtem Oberkörper abwechselnd nach links / rechts drehen, dabei mit den vorderen Fingerspitzen die linken / rechten Zehenspitzen berühren und zur nach hinten gestreckten Hand blicken (1)

Mühle
• ausatmend verschränkte Hände weit nach vorne strecken
• verschränkte Hände und Oberkörper mit waagrechten Armen in großen Kreisen führen, erst einatmend rechts nach hinten und ausatmend links nach vorne (2), dann umgekehrt, d.h. einatmend links nach hinten

Ruderboot
• einatmend Arme anwinkeln, Fäuste um Daumen (3)
• ausatmend Arme und Oberkörper weit nach oben und vorne kreisen lassen, einatmend nach unten und hinten (4) dann umgekehrt, d.h. ausatmend nach unten und vorne

je 5 bis 10 mal

1

2

3

4

Vorsicht bei: akute Rückenbeschwerden

Das Seil ziehen

O-B4-1

kraftvolle Bewegung für Hände und Arme
im Bodensitz

yoga sellware

Gut für: Lockerung Schultergelenke, Streckung obere Rückenmuskeln, Kräftigung Brustmuskeln

1

Ausgangslage
Gestreckter Sitz mit geschlossenen Beinen
(O-A-1), Hände auf den Knien

Das Seil ziehen

• Einatmend die rechte Hand nach oben
strecken, Faust um den Daumen (=Seil)
schließen und mit gebremster Ausatmung,
gestrecktem Arm und gebremster Bewegung
zum rechten Knie ziehen (1)

• Dasselbe dann mit der linken Hand

je 5 bis 10mal

Vorsicht bei:

© Dr. Hans Kugler

Die halbe Zange

yoga selfware

O-S2-1

Vorwärtsbeugung
im Bodensitz

Gut für: Dehnung Beinrückseiten, Hüftgelenke, Nerven und Muskeln der Wirbelsäule, Bauchorgane

Mögliche Ausgangslagen (O-A-2)
•Angewinkelter Sitz nach vorne
•Angewinkelter Sitz nach vorne mit ½ Lotus
•Angewinkelter Sitz zur Seite

Mögliche Formen: auch ineinander übergehend möglich
•**Bein gebeugt/Rücken gestreckt:** gestrecktes Bein soweit nach oben beugen und gestreckten Oberkörper soweit nach vorne, bis er den Oberschenkel berührt, Zehen fassen, Schultern leicht nach hinten (1), dann ausatmend angebeugtes Bein möglichst weit strecken, weiteratmen

•**Bein gestreckt/Rücken gestreckt:** im angewinkelten Sitz Hände am gestreckten Bein hinunter gleiten lassen und dabei gestreckten Oberkörper nach vorne beugen, Bein oder Zehen fassen (2), dann evtl. Kopf entspannt zum Bein sinken lassen und weiteratmen

•**Bein gestreckt/Rücken vorgebeugt:** einatmend Arme weit über den Kopf strecken, ausatmend mit gestrecktem Oberkörper ganz nach vorne beugen, Fuß/Zehen fassen, Kopf entspannt zum Bein sinken lassen, weiteratmen (3)

•**Bein gestreckt/Rücken gedreht:** dann auf der Seite des gestreckten Beins Daumen in die Mulde neben dem großen Zeh legen mit der Handfläche nach oben, und mit der anderen Hand den kleinen Zeh fassen, Kopf und Oberkörper nach oben drehen (4)

einatmend in umgekehrter Abfolge wieder aufrichten

Vorsicht bei: Ischias und Bandscheibenproblemen (allenfalls mit gestrecktem Rücken leicht vorbeugen)

Version 1.3

© Dr. Hans Kugler

Die Zange

yoga selfware

O-S2-2
Vorwärtsbeugung
im Bodensitz

Gut für: Dehnung Beinrückseiten, Hüftgelenke, Nerven und Muskeln der Wirbelsäule, Bauchorgane

Ausgangslage
- gestreckter Sitz mit geschlossenen Beinen (O-A-1)

Mögliche Formen: siehe halbe Zange (O-S2-1)
- Bein gebeugt/Rücken gestreckt (1)
- Bein gestreckt/Rücken gestreckt (2)
- Bein gestreckt/Rücken vorgebeugt (3)

Zusätzliche Variation: Hände im Rücken gefaltet
- In der Ausgangslage: Handflächen im Rücken aneinander legen und Daumen kreuzen
- ausatmend Kopf in Richtung Knie beugen (4)

einatmend in umgekehrter Abfolge wieder aufrichten

Vorsicht bei: Ischias und Bandscheibenproblemen (allenfalls mit gestrecktem Rücken leicht vorbeugen)

© Dr. Hans Kugler

Die gegrätschte Zange

yoga software

O-S2-3

fordernde Vorwärtsbeugung
im Bodensitz

Gut für: wie bei Zange (O-S2-2) plus Dehnung Beininnenseiten und Schulterblattmuskeln, Brustöffnung

Ausgangslage

- Im gestreckten Sitz mit breit gegrätschten Beinen (O-A-1) Hände im Rücken verschränkt

Gegrätschte Zange nach rechts

- ausatmend Kopf und Oberkörper zum rechten Knie beugen, dabei die hinten verschränkten Hände möglichst weit nach oben strecken (1)
- mit angehaltenem Atem oder langsam und tief atmend in dieser Position bleiben solange angenehm, dabei Zehen zum Kopf ziehen
- mit Einatmung zurück in die Ausgangslage

Gegrätschte Zange nach links

- Dasselbe zum linken Knie

Gegrätschte Zange zur Mitte

- Dasselbe zwischen den Beinen zum Boden (2)
  - Insgesamt bis zu 5 solcher Runden

1

2

Vorsicht bei: Ischias und Bandscheibenproblemen

Version 1.3

© Dr. Hans Kugler

143

Die Schildkröte

yoga software

O-S2.4

fordernde Vorwärtsbeugung
im Bodensitz

Gut für: Anregung Bauchorgane, Beruhigung Nerven, Linderung Kopf- & Nackenschmerzen, Entspannung

Ausgangslage

- Im angewinkelten Sitz mit breit gegrätschten Beinen (O-A-5) mit den Armen unter den Kniekehlen hindurch greifen und Handflächen von hinten auf das Gesäß legen (1) oder schräg nach hinten zum Boden strecken (2)

Die Schildkröte

- Ausatmend langsam die Beine strecken und dabei den Rumpf weiter nach vorne beugen, zunächst nach vorne schauen und erst am Schluss die Stirn zum Boden bringen (3/4)
- ruhig in die Position atmen solange angenehm
- Mit der Einatmung Stellung in umgekehrter Abfolge wieder auflösen
- Danach eine intensive Rückwärtsbeugung zum Ausgleich (-S3-)

Version 1.3

© Dr. Hans Kugler

Der einfache Drehsitz

yoga selfware

O-S5-1

Seitwärtsdrehung
im Bodensitz

Gut für: Lockerung Wirbelsäule, Linderung Rücken- und Nackenbeschwerden, Massage Bauchorgane

Ausgangslage mit gestrecktem rechten Bein

- Im gestreckten Sitz (O-A-1) linkes Bein aufstellen und Fuß über das rechte Knie schlagen

Drehung nach rechts

- Mit linker Hand linke Ferse fassen, rechte Hand mit gespreizten Fingern nach hinten zum Boden
- Nach Einatmung Kopf und Oberkörper aufrecht nach rechts drehen, Stellung und Atem halten solange angenehm, mit Ausatmung auflösen (1)

Drehung nach links

- Mit rechtem Arm linkes Knie umarmen, linke Hand waagrecht vorstrecken, Handfläche nach unten (2)
- Ausatmend Kopf und Oberkörper nach links drehen, dabei linke Hand in großem Kreis nach hinten führen und mit gespreizten Fingern zum Boden (3) oder Handrücken auf rechte Hüfte (4)
- Stellung einige ruhige Atemzüge halten und in umgekehrter Abfolge wieder auflösen

Dasselbe spiegelbildlich zur anderen Seite

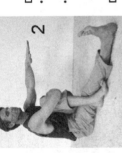

Vorsicht bei: gravierenden Rückenproblemen, Magengeschwüren, Bruch

© Dr. Hans Kugler

Der Kuhkopf

yoga selware

Gut für: Schultern, Nacken, Rückenschmerzen, Öffnung Brustraum, Anregung Nieren, geistige Entspannung

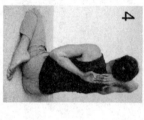

Ausgangslage

- Fersensitz (S-A-1) oder
- gekreuzter Sitz (O-A-3) oder
- Angewinkelter Sitz zur Seite mit hinten angewinkeltem Bein (O-A-2) oder
- Heldensitz (O-A-5)

Der halbe Kuhkopf

- Rechten Arm anheben und Handfläche nach hinten zwischen die Schulterblätter legen
- Linke Hand auf rechten Ellbogen legen und sanft nach hinten und unten drücken (1)
- Ruhig atmend die Stellung halten
- Ausatmend die Arme wieder senken

Der Kuhkopf

- Den linken Handrücken nach hinten zwischen die Schulterblätter legen (2) und mit der rechten Hand die Finger der linken Hand fassen, Kopf aufrichten und an die Innen-Seite des rechten Unterarms lehnen (3,4)
- Ruhig atmend Stellung bis zu 2 Minuten halten (für tiefere geistige Entspannung auch bis zu 10 Minuten)

Dasselbe spiegelbildlich zur anderen Seite

Vorsicht bei:

© Dr. Hans Kugler

146

Der sitzende Bogenschütze

yoga software

O-S6-2

Dehn- und Streckübung
im Bodensitz

Gut für: Arme und Schultern, Beine und Hüften, Rücken

Ausgangslage:

- Zange mit möglichst gestreckten Beinen und gestrecktem Oberkörper (O-S2-2), dabei die Zehen gefasst mit Zeige- und Mittelfinger (1)

Sitzender Bogenschütze

- Einatmend den linken Fuß (als Sehne des Bogens) vor den Oberkörper ziehen, linker Ellbogen dabei zur Seite gebeugt (2)

- Atem und Stellung halten solange angenehm, ausatmend lösen, dann dasselbe links

Sitzender Bogenschütze mit gekreuzten Armen

- Ausgangslage: in der Zange fasst zunächst die rechte Hand den linken Fuß und über ihr die linke Hand den rechten Fuß am großen Zeh (3)

- Dann zieht zunächst die rechte Hand den linken Fuß vor den Oberkörper wie oben (4)

- Und nachdem in der Ausgangslage die linke Hand unter dem rechten Arm hindurch den rechten Fuß gefasst hat, zieht sie ihn vor den Oberkörper, d.h. es zieht immer die untere Hand

je 1 bis 3 mal

Vorsicht bei: empfindlichen Gelenken an den Beinen, insbesondere Knien

Version 1.3

© Dr. Hans Kugler

Das Baby im Arm

O-S6-3

Dehn- und Streckübung
im Bodensitz

yoga sellware

Gut für: Öffnung Hüften, Kräftigung Rücken, Vorbereitung auf gekreuzten Sitz und Schildkröte (O-S2-2)

1

Ausgangslage:

- Gestreckter Sitz (O-A-1)

Das Baby im Arm

- Linkes Bein anwinkeln und Fußkante in rechte Ellenbeuge legen, Knie in linke Ellenbeuge
- Linke Hand an Unterschenkel anlegen und rechte Hand auf linke
- Mit aufrechtem Rücken Unterschenkel vor den Oberkörper ziehen und leicht wiegen (1), dabei ruhig und gleichmäßig atmen
- Ausatmend zurück zur Ausgangslage und das Bein entspannen
- Dasselbe mit dem rechten Bein

je 1 bis 3 mal

Vorsicht bei: empfindlichen Knie- und Hüftgelenken

Version 1.3

© Dr. Hans Kugler

148

Die Brücke / der Tisch

yoga software

O-S7-1

Kraft- und Gleichgewichtsübung im Bodensitz

Gut für: Muskelkräftigung an Rumpf, Armen und Beinen, Beruhigung der Nerven vor dem Einschlafen

Ausgangslage

- Im gestreckten Sitz mit hüftbreit geöffneten Beinen, Hände neben dem Gesäß auf dem Boden, nach vorne oder nach hinten zeigend

Die Brücke

- Einatmend auf Hände und Füße stützen und Körper anheben, bis Rücken, Gesäß und Oberschenkel in einer geraden Linie

- Kopf entspannt nach hinten sinken lassen, wenn dies der Nacken erlaubt, ansonsten waagrecht halten

- in der Stellung tief und ruhig in den Bauch atmen (1)

- Anschließend Entspannung in der Rückenlage nach Bedarf

bis zu 3 Minuten

Vorsicht bei: ernsten Nackenbeschwerden (-> Kopf nicht nach unten sinken lassen)

Version 1.3

© Dr. Hans Kugler

149

Die schiefe Ebene rückwärts

yoga seltware

O-S7-2

Kraft- und Gleichgewichtsübung
im Bodensitz

Gut für: Kräftigung, Handgelenke und Muskulatur an Rumpf, Armen und Beinen, inneres Gleichgewicht

Ausgangslage

- Im gestreckten Sitz Hände nach hinten zeigend im Rücken aufstützen, ca. 30 cm Abstand zum Körper

Schiefe Ebene rückwärts

- Einatmend Körper anheben und in eine gerade Linie bringen, Sohlen zum Boden (1)
- Evtl. ein Fuß hoch gestreckt (2) oder im ½ Lotus (3)
- in Position ruhig weiteratmen
- ausatmend zurück zum Boden oder weiter zu

je 10 sec bis 1 min

Vorsicht bei:

© Dr. Hans Kugler

150

Die balancierende Zange

yoga selfware

O-S7-3

fordernde Kraft- und Gleichgewichtsübung im Bodensitz

Gut für: Kräftigung Bauch- & Rückenmuskeln, Anregung Bauchorgane, Anregung & Balance Nervensystem

Ausgangslage

- Im aufgestellten Sitz mit gefassten Zehen (O-A-4) Rücken aufrichten, bis zum Gleichgewichtspunkt zurückneigen, die Füße leicht abheben vom Boden, Balance stabilisieren (1)

Balancierende Zange mit geschlossenen Beinen

- Nach Einatmung Atem anhalten und Beine mit gefassten Zehen schräg nach oben strecken (2)

- Evtl. durch Zug der Arme Beine und Oberkörper näher zueinander bringen, den Atem halten (3)
- Stellung halten solange angenehm
- Ausatmend zurück in die Ausgangslage

Balancierende Zange mit gegrätschten Beinen

- Nach Einatmung Atem anhalten und Beine mit gefassten Zehen schräg nach oben strecken (2)
- Beine breit grätschen, den Atem halten (4)
- Stellung halten solange angenehm
- Ausatmend zurück in die Ausgangslage

je bis zu 3 mal

Vorsicht bei: Bluthochdruck und Herzbeschwerden, Ischias und akuten Bandscheibenproblemen

Version 1.3

© Dr. Hans Kugler

Beinstreckung im ½ Lotus

yoga seltware

O-S7.4

fordernde Kraft- und Gleichgewichtsübung
im Bodensitz

Gut für: Verdauung, inneres Gleichgewicht, Vorbereitung Knie- & Hüftgelenke für gekreuzten Sitzformen

1

2

Ausgangslage

- Im angewinkelten Sitz nach vorne mit ½ Lotus (O-A-2) das gestreckte Bein aufstellen und mit den verschränkten Unterarmen zwischen Ober- und Unterschenkel umfassen

- Mit gestrecktem Oberkörper bis zum Gleich-Gewichtspunkt nach hinten neigen und das umfasste Bein leicht vom Boden abheben (1)

- Ruhig atmend das Gleichgewicht stabilisieren

Beinstreckung im ½ Lotus:

- Langsam einatmend das umfasste Bein strecken
- Atem und Stellung halten solange angenehm (2)
- langsam ausatmend zurück zur Ausgangslage
- Dasselbe auch mit dem anderen Bein

je 3 bis 5 mal

Vorsicht bei: empfindlichen Kniegelenken

Version 1.3

© Dr. Hans Kugler

Der rechtwinklige Armstand

O-S7-5

fordernde Kraft- und Gleichgewichtsübung
im Bodensitz

yoga software

Gut für: Muskelkräftigung an Bauch, Armen und Beinen, Anregung Organe und Energiezentren im Bauch

Ausgangslage

- Im gestreckten Sitz (O-A-1) die Arme neben den Oberschenkeln, zum Boden, Finger nach vorne

Vorübung

- Nach Einatmung Atem halten und die Fersen etwa 25 cm vom Boden abheben, Rücken und Beine dabei gestreckt (1)

- Atem und Stellung halten solange angenehm, dabei Hände nach unten in den Boden drücken

Der rechtwinklige Armstand

- Nach Einatmung Atem halten und auf die Hände gestützt die Beine waagrecht vom Boden abheben, Rücken und Beine dabei gestreckt (2), wenn Abheben der Beine nicht möglich, dann Fersen auf dem Boden ruhen lassen (3)

- Atem und Stellung halten solange möglich

je 1 bis 3 mal

Vorsicht bei: Bluthochdruck oder Herzbeschwerden, Bruch

Version 1.3

© Dr. Hans Kugler

Die Zehen in der Zange

yoga sellware

O-Z-1

zusammengesetzte Kurzfolge
im Bodensitz

Gut für: Bauch- & Rückenmuskeln, Beinrückseiten, Hüftgelenke, Bauchorgane, Nervensystem

1

2

3

4

- **Aufgestellter Sitz**
  mit gefassten Zehen (O-A-4)
  tief und ruhig atmend den Geist sammeln

- **Zange (1)**
  Zehen mit Zeige- und Mittelfinger fassen
  1 mal mit gestrecktem Rücken (O-S2-2)

- **Sitzender Bogenschütze (2)**
  2 mal beiden Seiten ohne Armkreuzung (O-S6-2)

- **Zange (3)**
  1 mal ganz nach vorne gebeugt (O-S2-2)

- **Balancierende Zange (4)**
  2 mal mit gegrätschten Beinen (O-S7-3)

- **Entspannungshaltung im aufgestellten Sitz**
  mit verschränkten Händen entspannen (O-A-4)

Vorsicht bei: Ischias, Bandscheibenprobleme, Bluthochdruck, Herzbeschwerden, empfindliche Kniegelenke

Version 1.3

© Dr. Hans Kugler

154

Halber Lotus
für die Hüften

yoga software

O-Z-2

zusammengesetzte Kurzfolge
im Bodensitz

Gut für: Öffnung Hüftgelenke, Dehnung Beinrückseiten, Kräftigung Rücken, Anregung Bauchorgane

Gestreckter Sitz mit geschlossenen Beinen
Arme hinten aufgestützt (O-A-1)
mit einigen ruhigen Atemzügen den Geist sammeln

Erst mit dem linken Bein im ½ Lotus

Hüften öffnen (1)
3 mal Halber Schmetterling (O-B1-1)

Halbe Zange (2)
1 mal im ½ Lotus mit gestrecktem Rücken (O-S2-1)

Baby im Arm (3)
1 mal (O-S6-3)

Beinstreckung im ½ Lotus (4)
3 mal (O-S7-4)

Dann dasselbe mit den rechten Bein im ½ Lotus

Gestreckter Sitz mit geschlossenen Beinen
Arme hinten aufgestützt (O-A-1)
mit einigen ruhigen Atemzüge entspannen

1

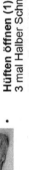

2

3

4

Vorsicht bei: Ischias – und Bandscheibenproblemen, empfindliche Knie- und Hüftgelenke

Version 1.3

© Dr. Hans Kugler

Dreh mit Schultern und Hüften

O-Z-3
zusammengesetzte Kurzfolge
im Bodensitz

yoga seitware

Gut für: Hüften, Schultern, Rücken, Beinrückseiten, Bauchorgane, Nieren, Entspannung, Balance

- **Angewinkelter Sitz**
  rechtes Bein vorne, linkes hinten angewinkelt (O-A-2)
  mit einigen ruhigen Atemzügen den Geist sammeln

- **Kuhkopf (1)**
  rechter Arm oben, linker Arme hinten (O-S6-1)

- **Tierentspannungslage (2)**
  über dem rechten Oberschenkel nach vorne (O-A-6)

- **Halbe Zange (3)**
  linkes Bein gestreckt, rechtes angewinkelt
  mit Drehung nach rechts(O-S2-1)

- **Einfacher Drehsitz (4)**
  linkes Bein gestreckt, rechtes übergeschlagen
  Drehung nach rechts (O-S7-4)

  Dann dasselbe spiegelbildlich zur anderen Seite

- **Angewinkelter Sitz**
  rechtes Bein vorne, linkes hinten angewinkelt (O-A-2)
  mit einigen ruhigen Atemzüge entspannen

Vorsicht bei: Ischias, akuten Bandscheiben- und Rückenproblemen, Magengeschwüren, Bruch

Version 1.3

© Dr. Hans Kugler

O-Z-4
zusammengesetzte Kurzfolge
im Bodensitz

Die Muskeln kräftigen im Bodensitz

yoga seitware

Gut für: Muskeln an Rücken, Bauch, Brust, Armen und Beinen, Balance und Beruhigung Nervensystem

- **Gestreckter Sitz mit geschlossenen Beinen**
  Arme hinten aufgestützt (O-A-1)
  mit einigen ruhigen Atemzüge Geist sammeln

- **Das Seil ziehen (1)**
  je 3 mal (O-B4-1)

- **Das Pferd reiten (2)**
  5 mal (O-B0-1)

- **Die Brücke (3)**
  1 Minute (O-S7-1)

- **Der rechtwinklige Armstand (4)**
  2 mal (O-S7-5)

Gestreckter Sitz mit geschlossenen Beinen
Arme hinten aufgestützt (O-A-1)
mit einigen ruhigen Atemzügen entspannen

Vorsicht bei: Ischias, Bandscheibenprobleme, Bluthochdruck, Herzbeschwerden

Version 1.3

© Dr. Hans Kugler

Die Rückenlage

yoga sellware

Gut für:

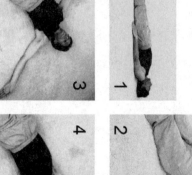

1

2

3

4

Beinstellung
- Beine geschlossen, Fersen nach unten gereckt, Zehen in Richtung Kopf gezogen

Arme neben dem Körper
- Arme direkt neben dem Körper, Handflächen nach unten (1)

Arme schräg nach vorne
- Arme im 45°-Winkel zur Seite, Handflächen nach unten (2)

Arme rechtwinklig zur Seite
- Arme im 90°-Winkel zur Seite, Handflächen nach unten oder oben (3)

Arme nach hinten
- Arme ganz nach hinten gestreckt, Handflächen nach oben (4)

Vorsicht bei:

© Dr. Hans Kugler

Die Rückenentspannungslage

yoga software

P-A-2

Ausgangs- oder Entspannungslage
in Rückenlage

Gut für:

Grundform

- Arme und Beine spiegelbildlich leicht zur Seite geöffnet, die Handflächen nach oben, Finger entspannt nach oben gewölbt
- Kopf nach oben und mit dem Körper in einer geraden Linie
- Bauchdecke sich weich mit dem Atem bewegend, Kiefer und Zahnreihen gelöst, Augen geschlossen
- alle Muskeln losgelassen (1)

Hilfsmittel

- Körper vor dem Auskühlen schützen durch entsprechende Kleidung oder Decke
- Evtl. weiche Unterlage für den Hinterkopf
- Evtl. Unterlage für die Kniekehlen (Kissen, gerollte Decke...), um den unteren Rücken besser zu entspannen

Variation mit aufgestellten Beinen

- Beine gut hüftbreit geöffnet und aufgestellt (2)

Vorsicht bei:

© Dr. Hans Kugler

159

Die Nackenlage

yoga selware

Gut für: Dehnung des Nackens, Vorbereitung auf den Schulterstand, Durchblutung des Gehirns

Ausgangslage

* Aufgestellter Sitz mit verschränkten Händen (O-A-4)

Nackenstand

* Beim Zurückrollen auf dem Nacken zum Stützstand kommen und Knie auf der Stirn ablegen (1)
* Tief und ruhig atmend die Stellung halten, solange angenehm
* Vorwärts rollend die Stellung auflösen

Vorsicht bei: Bluthochdruck, Nackenbeschwerden

Version 1.3

© Dr. Hans Kugler

Das Boot in Rückenlage

yoga software

P-B0-1
kraftvolle Bewegung für den ganzen Körper
in Rückenlage

Gut für: Lösung tiefer Verspannungen in Körper & Geist, Kräftigung Muskulatur, Nerven- und Drüsensystem

Ausgangslage

- Rückenlage, Arme neben dem Körper (O-A-1)

Die Taue spannen

- Zunächst: Arme senkrecht nach oben strecken, Handflächen zueinander zeigend, einige tiefe Atemzüge nehmen (1)

- Dann einatmend Fäuste machen, Atem anhalten, Fäuste wie gegen einen großen Widerstand vor die Brust ziehen und dort fest angespannt halten, so lange mit angehaltenem Atem möglich (2)

- ausatmend Fäuste auf den Brustkorb sinken lassen und ruhig atmend entspannen

Das Boot

- Nach tiefer Einatmung Atem anhalten, auf dem Gesäß balancierend alle Körperteile leicht anheben, Blick und Fingerspitzen auf die Zehen richten(3), oder Fäuste machend die ganze Muskulatur einschließlich Gesicht fest anspannen (4)

- Atem und Stellung halten, solange angenehm, ausatmend zurück zur Ausgangslage

je 1 bis 3 mal

1

2

3

4

Vorsicht bei: Bluthochdruck

© Dr. Hans Kugler

Bauchübungen

P-B0-2
Bewegung für den Oberkörper
in Rückenlage

Gut für: Kräftigung der Bauchmuskulatur

yoga seitware

2

3

1

Ausgangslage

•in Rückenentspannungslage mit aufgestellten Beinen (P-A-2) Hände im Nacken verschränken

Oberkörper anheben (3 bis 5 mal)

•Nach Einatmen Kopf und oberen Rumpf heben (1)

•Atem und Stellung halten, solange angenehm, ausatmend wieder senken

Oberkörper und Beine anheben (3 bis 5 mal)

•Nach Einatmen Kopf und oberen Rumpf zusammen mit angewinkelten Beinen anheben

•Atem und Stellung halten, solange angenehm, Knie und Stirn möglichst nahe zusammen (2)

•ausatmend wieder senken

Ellbogen diagonal zum Knie anheben (je 3 bis 5 mal)

•Nach Einatmen Oberkörper und Beine anheben wie oben, dabei rechten Ellbogen gegen das linke Knie drücken (3)

•Dasselbe mit linkem Ellbogen und rechtem Knie

Vorsicht bei: Bruch, Magengeschwür

© Dr. Hans Kugler

Die Rückenschaukel

yoga software

P-B0-3

Bewegung für den ganzen Körper
in Rückenlage

Gut für: Massage von Rücken, Gesäß und Hüften, Aktivierung des Körpers besonders am Morgen

Ausgangslage

- Sicherstellen, dass Unterlage weich genug ist
- In Rückenentspannungslage mit aufgestellten Beinen (P-A-2) Beine anwinkeln und mit den verschränkten Händen umfassen

Rückenschaukel vor und zurück

- Mit spontanem Atem Körper nach vorne (1) und hinten (2) aufschaukeln, beim Rückwärtsschaukeln Kopf nach vorne beugen, damit er nicht aufschlägt

Rückenschaukel seitlich

- Mit spontanem Atem Körper abwechselnd nach rechts und links rollen, dabei mit den Ellbogen in Gegenrichtung abstoßen (3)

Mögliche Armstellungen

- Verschränkte Hände näher bei den Knien (2)
  -> für Massage des mittleren und oberen Rückens
- Verschränkte Hände näher bei Fußgelenken (3)
  -> für Massage des unteren Rückens
- Verschränkte Hände oder Unterarme mittig zwischen Ober- und Unterschenkel (4)
  -> für Massage des mittleren Rückens

je 5 bis 10 mal

1

2

3

4

Vorsicht bei: ernsten Rückenproblemen

Version 1.3

Zange und Pflug dynamisch

yoga selware

Gut für: Herz und Kreislauf, Bauchorgane, Rücken und Nacken, Hüftgelenke, Nervensystem, Stoffwechsel

Die Zange dynamisch

- Ausgangslage: gestreckter Sitz mit geschlossenen Beinen (O-A-1), Arme nach oben gestreckt
- Ausatmend nach vorne in die Zange mit gestreckten Beinen (1), einatmend zurück zur Ausgangslage
- Ausatmend nach hinten in die Rückenlage mit gleicher Armstellung (2), einatmend wieder zurück

Zange und Pflug dynamisch

- Ausgangslage: gestreckter Sitz mit geschlossenen Beinen (O-A-1), Hände neben Körper am Boden
- Ausatmend nach vorne in die Zange mit gestreckten Beinen (1), einatmend zurück zur Ausgangslage
- Ausatmend nach hinten in den Pflug mit gestreckten Beinen (3), einatmend zurück zur Ausgangslage

Zange und Pflug dynamisch im ½ Lotus

- Ausgangslage: angewinkelter Sitz nach vorne mit ½ Lotus (O-A-2), Hände neben Körper am Boden
- Ausatmend nach vorne in die halbe Zange mit ½ Lotus, einatmend zurück zur Ausgangslage
- Ausatmend nach hinten in den Pflug mit ½ Lotus (4), einatmend zurück zur Ausgangslage

je 5 bis 10 Runden

Vorsicht bei: ernsteren Rücken- und Nackenproblemen, Bluthochdruck, Bruch

© Dr. Hans Kugler

Beinkreise

P-B1-1

Bewegung für den Unterkörper in Rückenlage

yoga software

Gut für: Hüft- bzw. Kniegelenke, Muskulatur von Bauch und unterem Rücken

Ausgangslage
- Rückenlage, Arme schräg nach vorne (P-A-1)

Beinkreise mit einem Bein (je 5 bis 10 mal)
- Ein Bein gestreckt leicht von Boden abheben
- Dann den Fuß in großen Kreisen führen (1)
  - erst mit Uhrzeiger: einatmend nach links / oben, ausatmend nach rechts / unten
  - dann entgegen: einatmend nach rechts / oben, ausatmend nach links / unten
- Bein ablegen, kurz nachspüren, dann zweites Bein

Fahrradkreise (je 5 bis 10 mal)
- Linkes Bein schräg nach oben strecken (45°), rechtes Bein anwinkeln (2)
- Mit spontanem Atem und großen Kreisen der Füße erst vorwärts treten, dann rückwärts

Beinkreise mit beiden Beinen (je 3 bis 5 mal)
- Mit beiden Beinen wie einfache Beinkreise (3)

Halbkreise mit beiden Beinen (je 3 bis 5 mal)
- Gestreckte Beine mit spontanem Atem im Halbkreis nach links und rechts schwingen lassen, in der Mitte dabei nur wenige Zentimeter über dem Boden (4)

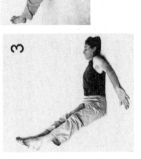

Vorsicht bei:

Version 1.3

© Dr. Hans Kugler

165

Die Schulterstellung / Brücke

yoga selfware

Gut für: Ausrichtung Wirbelsäule, Öffnung Schultern, Linderung Rückenschmerzen, Massage Bauchorgane

Ausgangslage

- In Rückenentspannungslage mit aufgestellten Beinen (P-A-2) Arme direkt neben den Körper mit den Handflächen nach unten

Schulterstellung

- mit der Einatmung Rumpf möglichst weit nach oben wölben, Schultern, Schultern, bleiben am Boden (1)
- Stellung und Atem halten oder tief und ruhig weiteratmen
- mit der Ausatmung zurück zum Boden

Beinvariation: ein Bein nach oben / zum ½ Lotus

- In der Endstellung ein Bein gerade nach oben strecken und / oder im ½ Lotus auf das andere legen (2)

Armvariation: mit verschränkten Händen

- In der Endstellung Hände verschränken und mit gestreckten Armen Schultern zum Boden drehen (3)

Armvariation: mit gefassten Fußgelenken

- In der Ausgangslage mit den Händen die Fußgelenke umfassen und dort halten (4)

Vorsicht bei: Magen- und Darmgeschwüren, Bruch, fortgeschrittene Schwangerschaft

Version 1.3

© Dr. Hans Kugler

Die Schulterbrücke

P-S1-2

fordernde Umkehrstellung
in Rückenlage

yoga seltware

Gut für: Ausrichtung Wirbelsäule, Öffnung Schultern, Linderung Rückenschmerzen, Massage Bauchorgane

Ausgangslage

- Schulterstellung (P-S1-1)

Schulterbrücke

- Zunächst auf die Zehenballen kommend Hände nacheinander unter Gesäß und Hüften stützen, Finger zu den Zehen zeigend, dann zurück auf die Fußsohlen sinken (1)
- in der Stellung tief und ruhig atmen
  ausatmend die Stellung auflösen

Beinvariation: ein Bein nach oben / zum ½ Lotus

- in der Endstellung ein Bein gerade nach oben strecken und / oder im ½ Lotus auf das andere legen (2)

Beinvariation: flache Schulterbrücke

- In der Endstellung mit den Füßen möglichst weit nach vorne wandern, Fußsohlen zum Boden (3)

Variation zur Ausgangslage

- Im ½ Schulterstand ein Bein gebeugt nach vorne senken, das andere zum Gleichgewicht nach hinten (4)
- Erst die vordere Fußsohle auf dem Boden aufsetzen, dann die hintere folgen lassen

1

2

3

4

Vorsicht bei: Magen- und Darmgeschwüren, Bruch, fortgeschr. Schwangerschaft, empfindl. Handgelenken

Der Schulterstand

yoga sellware

Gut für: Durchblutung Hals- & Kopfregion, Kreislauf, innere Organe, geistige Beruhigung und Entspannung

1

3

4

2

Ausgangslage
· Rückenlage, Arme neben dem Körper (P-A-1)

Halber Schulterstand
· einatmend Füße über den Kopf strecken, Hüftgelenke mit den Handballen stützen, Füße über dem Hals (1)
· Stellung einige tiefe und ruhige Atemzüge halten (mit zunehmender Praxis auf einige Minuten ausdehnen)

Evtl. weiter: Ganzer Schulterstand
· mit den Händen den Rücken stützend weiter nach oben wandern, dabei den Körper zur Senkrechten strecken (2)
· In der Endstellung Beine, Halsregion und Gesicht entspannen, tief und ruhig atmen (Dauer wie oben)

Auflösen des halben / ganzen Schulterstands
· gestreckte Beine über den Kopf absenken (3) oder Knie zur Stirn, Handflächen zum Boden
· langsam Wirbel für Wirbel zurück zum Boden rollen, dabei Beine gestreckt oder angewinkelt

Beinvariation: ½ Lotus
· In der Endstellung ein Bein zum ½ Lotus anwinkeln (4)

Variation Ausgangslage: Nackenlage
· Aus der Nackenlage (P-A-3) in den halben / ganzen Schulterstand durch Strecken der Beine / des Körpers

Vorsicht bei: Hochdruck-, Schilddrüsen- & Nackenproblemen, Menstruation, fortgeschr. Schwangerschaft

© Dr. Hans Kugler

Der Pflug

P-S1-4

Umkehrstellung
in Rückenlage

yoga software

Gut für: Entspannung Rücken und Nacken, Bauchorgane, Stoffwechsel, sympathisches Nervensystem

Ausgangslage

· Rückenlage, Arme neben dem Körper (P-A-1)

Halber Pflug

· Nach Einatmung Atem anhalten, gestreckte Beine bis zur Senkrechten anheben und weiter bis zum 45°-Winkel mit dem Oberkörper senken, gestreckte Beine breit grätschen (1), wieder schließen und in umgekehrter Reihenfolge zurück zur Ausgangslage

Ganzer Pflug

· Nach Einatmung Atem anhalten und gestreckte Beine bis zur Senkrechten anheben, die Arme nach unten drückend den Rücken hoch rollen, dabei gestreckte Beine mit den Zehen zum Boden senken (2) oder, wenn das nicht möglich, angewinkelte Beine mit den Knien zur Stirn (3); wenn beides nicht möglich, dann Hüften mit den Händen unterstützen

· in der Endstellung 5 bis 10 ruhige Atemzüge (mit zunehmender Praxis bis 1 Minute ausdehnen), dabei Rücken senkrecht & gerade, Zehen zum Kopf, evtl. Hände verschränken (4)

· Zum Auflösen der Stellung, ggf. Handflächen wieder zurück zum Boden, nach Einatmung Atem anhalten und langsam Wirbel für Wirbel zurück zum Boden rollen Dabei Beine möglichst gestreckt halten (4) bis der rechte Winkel zum Boden erreicht ist. Erst dann evtl. Beine den Rücken schonend anwinkeln.

1

2

3

4

Vorsicht bei: Bluthochdruck, ernsteren Rücken- und Nackenproblemen, Bruch

Version 1.3

169

Der Pflug im Schulterstand

yoga sellware

Gut für: Entspannung Rücken und Nacken, Bauchorgane, Stoffwechsel, sympathisches Nervensystem

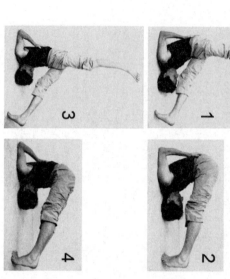

3

1

4

2

Halber Pflug im halben Schulterstand (P-S1-3)

- Im ½ Schulterstand ausatmend ein Bein anwinkeln und mit dem Knie zur Stirn senken, das zweite Bein mit dem Knie gestreckt auf die Sohle des ersten Beins senken (1)

Ganzer Pflug im halben Schulterstand (P-S1-3))

- Im ½ Schulterstand ausatmend gestreckte Beine mit den Zehen zum Boden senken oder, wenn das nicht möglich, angewinkelte Beine mit den Knien zur Stirn (2)

Halber Pflug im ganzen Schulterstand (P-S1-3)

- Im ganzen Schulterstand mit Ausatmung ein Bein möglichst gestreckt nach hinten absenken, bis Knie den Kopf oder Zehen den Boden berühren (3)

Ganzer Pflug im ganzen Schulterstand (P-S1-3)

- wie beim ganzen Pflug im halben Schulterstand (siehe oben) mit dem ganzen Schulterstand als Ausgangslage

Beinvariation: ½ Lotus

- Aus dem ganzen oder halben Schulterstand im ½ Lotus ausatmend das gestreckte Bein zum Boden senken (4)

Halten und Auflösen der Stellung

- Stellung einige ruhige Atemzüge halten und einatmend zurück in die Ausgangslage
- Halber Pflug immer auch mit dem anderen Bein

Vorsicht bei: Bluthochdruck, ernsteren Rücken- und Nackenproblemen, Bruch

© Dr. Hans Kugler

Pflugvariationen

yoga software

P-S1-6

fordernde Umkehrstellung
in Rückenlage

Gut für: Entspannung Rücken und Nacken, Bauchorgane, Stoffwechsel, sympathisches Nervensystem

Ausgangslage

· Ganzer Pflug in Rückenlage (P-S1-4)

Die Knie seitlich beugen

· Mit gestreckten Beinen in kleinen Schritten zur Seite wandern, ausatmend Knie zur Schläfe beugen (1)

· Nach einigen ruhigen Atemzügen zurück zur Ausgangslage und dasselbe zur anderen Seite

Den Kopf in die Mitte nehmen

· Ausatmend den Rücken rund werden lassen, die Knie maximal beugen und den Kopf in ihre Mitte nehmen mit den Händen die Fußsohlen fassen und behutsam in Richtung Schultern drücken (2)

· Nach einigen ruhigen Atemzügen zurück in die Ausgangslage

Die Beine grätschen

· Beine breit grätschen und ausatmend zwischen ihnen die Arme mit gefalteten Händen nach oben strecken (3)

· Nach einigen ruhigen Atemzügen zurück in die Ausgangslage

Die Zehen fassen

· Die Arme nach hinten strecken und die Zehen von unten mit den Händen fassen, durch Hin- und Herwippen des Körpers den oberen Rücken, Schultern und Nacken massieren (4)

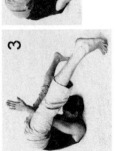

1

2

3

4

Vorsicht bei: Bluthochdruck, ernsteren Rücken- und Nackenproblemen, Bruch

© Dr. Hans Kugler

171

Der Fisch

yoga selware

Gut für: Bauchorgane, Rücken und Nacken, Öffnung Brustraum & Atmung, Stoffwechsel, Immunsystem

Ausgangslage

- In Rückenlage gestreckte Arme unter den Körper bringen, Händen aneinander und nach unten, Zehen zum Kopf

Der Fisch: Grundform

- Einatmend auf die Ellbogen stützen, Rumpf weit nach oben wölben und Kopf nach hinten in den Nacken, vorsichtig Scheitel zum Boden bringen, Hauptgewicht aber auf den Ellbogen lassen (1)

- Stellung einige tiefe und ruhige Atemzüge halten (mit zunehmender Praxis bis einige Minuten), einatmend Rumpf weit nach oben wölben, ausatmend evtl. durch vibrierendes Summen Spannungen lösen

- Einatmend ganz auf die Ellbogen stützen, Kopf leicht anheben, ausatmend zur Rückenentspannungslage

Der Fisch: Beinvariationen

1. In Ausgangslage ein Bein im ½ Lotus angewinkelt (2)
2. In Ausgangslage beide Beine aufgestellt (3)
3. Wie 2 und in Endstellung Oberschenkel zur Seite geöffnet
4. Wie 2, in Endstellung Beine schräg nach vorne gestreckt
5. In Ausgangslage Beine bei den Fußgelenken gekreuzt und Füße mit den Händen gehalten, in Endstellung Gesäß angehoben und Knie zum Boden (4)

Vorsicht bei: ernsteren Herz, Rücken- & Nackenproblemen, Magengeschwüren, Bruch, Schwangerschaft

Version 1.3

© Dr. Hans Kugler

Das Rad

P-S3-2

fordernde Rückwärtsbeugung
in Rückenlage

yoga software

Gut für: Rücken und Arme, Nerven- und Drüsensystem, Verdauung und Atmung, Herz und Kreislauf

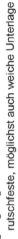

Ausgangslage

- rutschfeste, möglichst auch weiche Unterlage
- In Rückenentspannungslage mit aufgestellten Beinen (Abstand ca. 30 cm) Handflächen neben dem Kopf aufsetzen, mit den Fingerspitzen unter den Schultern (1)

Halbes Rad als Zwischenstufe

- Nach Einatmung den Atem anhaltend Rumpf etwas nach oben wölben, Kopf in den Nacken, Scheitel zum Boden bringen (2), weiteratmen

Ganzes Rad

- Wieder nach Einatmung den Atem anhaltend Arme und Beine strecken, dabei Rumpf weiter nach oben wölben und Kopf in den Nacken (3)
- Stellung mit angehaltenem Atem oder einige ruhige Atemzüge halten, ausatmend auflösen

Beinvariation

- In Endstellung ein Bein nach oben strecken (4)

Vorsicht bei: Schwäche durch Müdigkeit oder Krankheit, schwachen Handgelenken, Schwangerschaft

Version 1.3

© Dr. Hans Kugler

Die Krokodilsdrehung

yoga software

P-S5-1
Seitwärtsdrehung
in Rückenlage

Gut für: Dehnung von Rücken- und Bauchmuskulatur, Massage Bauchorgane, Förderung Verdauung

1

2

3

4

Krokodilsdrehung mit einem Bein (1 Runde)

- Ausgangslage für die rechte Seite: in Rückenlage rechtes Bein aufstellen, Sohle auf linkes Knie, rechten Arm nach hinten, Handfläche nach oben, linke Hand auf rechtes Knie legen (1)
- Ausatmend rechtes Knie mit sanftem Druck der linken Hand nach links in Richtung Boden drehen, den Kopf nach rechts, Schultern bleiben dabei auf dem Boden (2)
- einige Male jeweils beim Einatmen den Druck der linken Hand verringern, ausatmend verstärken
- schließlich einatmend zurück zur Ausgangslage
- dasselbe spiegelbildlich zur anderen Seite

Krokodilsdrehung mit beiden Beinen (1 Runde)

- Ausgangslage: in Rückenlage beide Beine aufstellen, Hände im Nacken verschränken, Knie und Fußkanten etwas gegeneinander drücken (3)
- Ausatmend Beine nach links und Kopf nach rechts drehen, beide Schultern bleiben am Boden (4)
- Stellung einige ruhige Atemzüge halten
- einatmend zurück zur Ausgangslage
- dasselbe spiegelbildlich zur anderen Seite

je 1 bis 3 Runden

Vorsicht bei:

Version 1.3

© Dr. Hans Kugler

Die Beindrehung

P-S5-2

fordernde Seitwärtsdrehung
in Rückenlage

yoga software

Gut für: Dehnung von Rücken- und Bauchmuskulatur, Massage Bauchorgane, Förderung Verdauung

Beindrehung mit einem Bein (1 Runde)

- Ausgangslage rechts: in Rückenlage mit den Armen rechtwinklig zur Seite und Handflächen nach oben rechtes Bein gestreckt bis zum rechten Winkel anheben (1)

- Ausatmend das rechte Bein nach links drehen und Fuß möglichst in die linke Handfläche legen, Kopf nach rechts drehen, beide Schultern am Boden (2)

- Stellung einige ruhige Atemzüge halten oder gleich einatmend zurück zur Ausgangslage (= dynamisch)

- Ausatmend rechtes Bein zum Boden senken und dasselbe spiegelbildlich zur anderen Seite

Beindrehung mit beiden Beinen (1 Runde)

- Ausgangslage: in Rückenlage mit den Armen rechtwinklig zur Seite und Handflächen nach oben beide Beine gestreckt bis zum rechten Winkel anheben (3)

- Ausatmend Beine nach links drehen, Füße möglichst in die linke Handfläche legen, Kopf nach rechts (4)

- Stellung einige ruhige Atemzüge halten oder gleich einatmend zurück zur Ausgangslage (= dynamisch)

- Dasselbe spiegelbildlich zur anderen Seite

je 1 bis 2 Runden, dynamisch 3 bis 5

1

2

3

4

Vorsicht bei: ernsteren Rückenbeschwerden, Bluthochdruck

Version 1.3

© Dr. Hans Kugler

Der Kniezug

yoga seNware

P-S6-1
Dehn- und Streckübung
in Rückenlage

Gut für: Kräftigung und Entspannung unterer Rücken, Lockerung Bandscheiben, Massage Bauchorgane

Kniezug mit einem Bein und liegendem Kopf

- Ausgangslage: In Rückenlage ein Bein anwinkeln, Hände unter dem Knie verschränken
- nach Einatmung Atem anhalten und Knie zum Oberkörper ziehen, zweites Bein gestreckt und Kopf auf dem Boden halten (1)
- Stellung und Atem halten, solange angenehm
- ausatmend zurück zur Ausgangslage
- dasselbe auch mit dem anderen Bein

Kniezug mit einem Bein und angehobenem Kopf

- in Endstellung Kopf zum Knie anheben (2), ansonsten wie oben

Kniezug mit beiden Beinen und liegendem Kopf

- beide Beine angewinkelt, Kopf am Boden (3)

Kniezug mit beiden Beinen und angehobenem Kopf

- beide Beine angewinkelt, Kopf angehoben (4)

je 3 mal

Vorsicht bei: Bluthochdruck, ernsteren Rückenbeschwerden (Bandscheiben, Ischias,...)

© Dr. Hans Kugler

Beinhebungen

yoga software

P-S6-2

Dehn- und Streckübung
in Rückenlage

Gut für: Bauch- und Beckenmuskeln, Bauchorgane, Dehnung Beinrückseiten, Entspannung unterer Rücken

Ausgangslage
- Rückenlage, Armen neben dem Körper (P-A-1)

Beinhebung mit einem Bein (je 5 mal)
- Einatmend abwechselnd rechtes und linkes Bein bis zum rechten Winkel anheben, dabei an beiden Beinen Knie strecken und Zehen zum Kopf ziehen (1)
- Evtl. Atem und Stellung einige Sekunden halten und mittleren Rücken in den Boden drücken
- mit Ausatmung Bein langsam wieder senken

Beinhebung mit Dehnung Beinrückseite (je 1 mal)
- Einatmend ein Bein anheben, mit verschränkten Händen zwischen Knie und Wade umfassen, Kopf und Schultern am Boden halten (2)
- ruhig weiteratmend an beiden Beinen Knie strecken und Zehen zum Kopf ziehen
- Evtl. mit Einatmung Kopf und Oberkörper anheben, Bein weiter oben oder Fuß fassen (3)
- ruhig weiteratmend an beiden Beinen Knie strecken und Zehen zum Kopf ziehen
- Schließlich ausatmend zurück zum Boden

Beinhebung mit beiden Beinen (5 bis 10 mal)
- Mit beiden Beinen wie einfache Beinhebung (4), evtl. ohne zwischendurch die Beine abzulegen

Vorsicht bei: ernsteren Problemen im unteren Rücken (-> doppelte Beinhebungen)

© Dr. Hans Kugler

Version 1.3

Schulterstandzyklus

yoga software

P-Z-1
zusammengesetzte Kurzfolge
in Rückenlage

Gut für: Rücken & Nacken, Hals-& Kopfregion, Bauchorgane, Stoffwechsel, Immunsystem, Nervensystem

- **Rückenlage, Arme neben dem Körper**
  ruhig atmend den Geist sammeln (P-A-1)

- **Schulterstellung (1)**
  2 mal (P-S1-1)

- **½ oder ganzer Schulterstand (2)**
  10 bis 20 ruhige Atemzüge (P-S1-3)

- **Pflug aus dem Schulterstand (3)**
  5 bis 10 ruhige Atemzüge (P-S1-5)
  -> zurückrollen in Rückenlage

- **Fisch (4)**
  5 bis 10 ruhige Atemzüge (P-S3-1)

- **Rückenschaukel**
  3 bis 5 mal vor und zurück (P-B0-3)

- **Rückenentspannungslage**
  entspannen und nachspüren (P-A-2)

Variation: Stellungen (1 bis 4) im ½ Lotus

Vorsicht bei: Herz, Schilddüsen-, Rücken- & Nackenproblemen, Magengeschwüren, Bruch, Bluthochdruck

Version 1.3

© Dr. Hans Kugler

Beinzyklus mit einem Bein

yoga software

P-Z-2

zusammengesetzte Kurzfolge
in Rückenlage

Gut für: Dehnung & Entspannung Rücken & Beinrückseiten, Lockerung Bandscheiben, Massage Bauchraum

- **Rückenlage, Arme neben dem Körper**
  ruhig atmend den Geist sammeln (P-A-1)

  Dann mit fließenden Übergängen,
  erst mit dem rechten dann mit dem linken Bein:

- **Kniezug mit einem Bein (1)**
  erst mit liegendem, dann mit
  angehobenem Kopf (P-S6-1)

- **Krokodilsdrehung (2)**
  mit dem angewinkelten Bein (P-S5-1)

- **Beinhebung mit Dehnung Beinrückseite (3)**
  erst mit liegendem, dann mit
  angehobenem Kopf (P-S6-2)

- **Beindrehung (4)**
  mit dem angehobenen Bein (P-S5-2)

- **Rückenentspannungslage**
  entspannen und nachspüren (P-A-2)

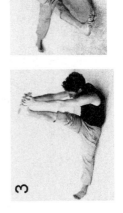

1

2

3

4

Vorsicht bei: Bluthochdruck, ernsteren Rückenbeschwerden (Bandscheiben, Ischias,...)

Version 1.3

© Dr. Hans Kugler

Beinzyklus mit beiden Beinen

yoga selfware

P-Z-3
Abfolge von Stellungen
in Rückenlage

Gut für: Dehnung & Entspannung Rücken & Beinrückseiten, Lockerung Bandscheiben, Massage Bauchraum

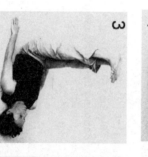

1

3

2

4

- **Rückenlage, Arme neben dem Körper**
  ruhig atmend den Geist sammeln (P-A-1)

  Dann mit fließenden Übergängen:

- **Kniezug mit beiden Beinen (1)**
  erst mit liegendem, dann mit
  angehobenem Kopf (P-S6-1)

- **Krokodilsdrehung (2)**
  mit beiden Beinen (P-S5-1)

- **Beinhebung mit beiden Beinen (3)**
  5 bis 10 mal (P-S6-2)

- **Beindrehung (4)**
  mit beiden Beinen (P-S5-2)

- **Rückenentspannungslage**
  entspannen und nachspüren (P-A-2)

Vorsicht bei: Bluthochdruck, ernsteren Rückenbeschwerden (Bandscheiben, Ischias,...)

Version 1.3

© Dr. Hans Kugler

Die Muskeln kräftigen in Rückenlage

yoga software

P-Z-4
zusammengesetzte Kurzfolge
in Rückenlage

Gut für: Muskulatur besonders an Bauch und Brust, Armen und Beinen

- **Rückenlage, Arme neben dem Körper**
  ruhig atmend den Geist sammeln (P-A-1)

  Dann mit kurzen Entspannungspausen:

- **Boot in Rückenlage (P-B0-1)**
  2 mal „Taue spannen" (1)
  2 mal „Boot" (2)

- **Beinkreise (P-B1-1)**
  3 Halbkreise mit beiden Beinen (3)

- **Zange dynamisch (P-B0-4)**
  5 Runden (4)

- **Rückenentspannungslage**
  entspannen und nachspüren (P-A-2)

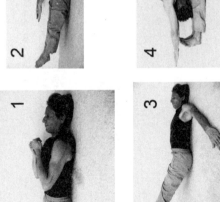

Vorsicht bei: Bluthochdruck, ernsten Rückenproblemen

Version 1.3

© Dr. Hans Kugler

181

Die Bauchlage

R-A-1

Ausgangs- oder Entspannungslage
in Bauch- / Seitenlage

Gut für:

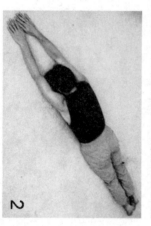

2

1

Beinstellung

- Beine geschlossen, Zehen gestreckt

Arme neben dem Körper

- Arme direkt neben dem Körper, Handflächen
  nach oben, Kinn zum Boden (1)

Arme nach vorne

- Arme nach vorne gestreckt und zusammen,
  Stirn am Boden, Handflächen nach unten (2)

Vorsicht bei:

Version 1.3

Die Bauchentspannungslage

Ausgangs- oder Entspannungslage
in Bauch- / Seitenlage

yoga software

Gut für:

Grundform

- In Bauchlage Hände in Stirnhöhe übereinander legen und den Kopf zur Seite gedreht darauf ablegen, Zehenspitzen berühren sich, Fersen fallen entspannt nach außen (1)

Ein Bein angewinkelt

- In der Grundform auf der Seite, wohin der Kopf gedreht ist, das Bein rechtwinklig anbeugen (2)

Hände im Nacken verschränkt

- Hände im Nacken verschränkt, Stirn am Boden, Beinstellung wie in Grundform (3)

Hände vorne gefaltet

- Arme über den Kopf gestreckt, Handflächen aneinander, Stirn am Boden, Beinstellung wie in Grundform (4)

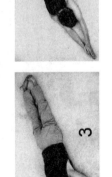

Vorsicht bei:

Version 1.3

© Dr. Hans Kugler

Die Seitenlage

yoga sellware

Gut für:

1

2

3

Grundform

- Körper in einer geraden Linie auf einer Seite
  liegend, Beine geschlossen, unterer Arm
  über den Kopf gestreckt mit der Handfläche
  nach oben, oberer Arm mit der Handfläche
  auf der Außenseite des Oberschenkels
  liegend (1)

Mit aufgestütztem Kopf

- In der Grundform der untere Arm angewinkelt
  und der Kopf seitlich durch die Handfläche
  gestützt; dabei der Oberarm waagrecht auf
  dem Boden (1) oder schräg aufgestellt bis
  fast zur Senkrechten (3)

Vorsicht bei:

© Dr. Hans Kugler

Die Hängebrücke

R-A-4

Ausgangs- oder Entspannungslage
in Bauch- / Seitenlage

yoga software

Grundform

- In der Bauchentspannungslage (R-A-2) den Oberkörper aufrichten, Unterarme mit Ellbogen und Handgelenken aneinander und senkrecht am Boden aufstellen, Kopf in die Handflächen schmiegen (1)

- Den Rücken entspannt durchhängen lassen und ruhig atmen

Ellbogen weiter nach vorne

- Mit den Ellbogen nach vorne wandernd den Zug in Richtung Nacken verlagern (2)

Ellbogen näher zum Körper

- Mit den Ellbogen näher zum Körper wandernd den Zug in Richtung unterer Rücken verlagern (3)

1

2

3

© Dr. Hans Kugler

Das Boot in Bauchlage

yoga sellware

R-S3-1
Rückwärtsbeugung
in Bauch- / Seitenlage

Gut für: Kräftigung Rückenmuskeln, Dehnung und Lockerung Rücken, Anregung Wirbelsäulennerven

Ausgangslage
- Bauchlage mit den Armen nach vorne (R-A-1)

Grundform
- Nach Einatmung den Atem anhalten, Kopf und gestreckte Arme und Beine möglichst weit vom Boden abheben, halten solange angenehm (1)
- Mit Ausatmung zurück in die Ausgangslage

Diagonal
- Nach Einatmung den Atem anhalten, einen Arm und das andere Bein zusammen mit dem Kopf möglichst weit vom Boden abheben, halten solange angenehm (2)
- Mit Ausatmung zurück in die Ausgangslage und dasselbe auch zur anderen Seite

Arme nach hinten
- Ausgangslage Bauchlage mit den Armen neben dem Körper (R-A-1)
- Nach Einatmung den Atem anhalten, Kopf, Oberkörper, Arme und Beine möglichst weit vom Boden abheben, Hände nach hinten und unten, halten solange angenehm (3)
- Mit Ausatmung zurück in die Ausgangslage

je 1 bis 3 mal

Vorsicht bei: Bluthochdruck und Herzproblemen, Bruch

Version 1.3

© Dr. Hans Kugler

Die Schlange

yoga software

R-S3-2

Rückwärtsbeugung
in Bauch- / Seitenlage

Gut für: Kräftigung Rückenmuskeln, Druckmassage Bauchorgane, Herz und Lungen, Öffnung Brustkorb

Grundform

- Ausgangslage: in Bauchlage mit Armen neben dem Körper (R-A-1) Hände mit gestreckten Armen im Rücken verschränken, Stirn zum Boden (1)
- Nach Einatmung Atem anhalten, Kopf und Oberkörper möglichst weit anheben, dabei verschränkte Hände nach hinten und oben ziehen, Schultern nach hinten, halten solange angenehm (2)
- Mit Ausatmung zurück in die Ausgangslage

Mit Händen im Nacken

- Ausgangslage: in Bauchlage mit Armen neben dem Körper (R-A-1) Hände im Nacken verschränken, Stirn zum Boden (3)
- Nach Einatmung Atem anhalten, Kopf und Oberkörper möglichst weit anheben, dabei verschränkte Hände nach hinten und oben ziehen, Schultern nach hinten, halten solange angenehm (4)
- Mit Ausatmung zurück in die Ausgangslage

je 1 bis 3 mal

Vorsicht bei: Bluthochdruck und Herzproblemen, Bruch , Magengeschwür

Version 1.3

© Dr. Hans Kugler

187

Die Kobra

yoga selfware

R-S3-3
Rückwärtsbeugung in Bauch- / Seitenlage

Gut für: geschmeidigen Rücken, Ausrichtung Bandscheiben, Massage Bauchorgane, Öffnung Brustkorb

1 **2** **3** **4**

Die halbe Kobra („Sphinx")

· Ausgangslage: in Bauchlage Hände und Unterarme schulterbreit neben den Kopf, Handflächen nach unten, Ellbogen am Boden, Stirn am Boden (1)
· Einatmend Kopf und Brustkorb anheben und auf die ins Lot gebrachten Oberarme stützen (2)
· Ruhig atmend Stellung bis zu einigen Minuten halten, dabei Rücken entspannt durchhängen lassen
· Mit Ausatmung zurück in die Ausgangslage

Die Kobra

· Ausgangslage: in Bauchlage Hände seitlich unter die Schultern so, dass Finger- und Schulterspitzen in einer Linie, Ellbogen nach hinten angehoben und ganz am Körper, Stirn am Boden
· Einatmend Kopf und Oberkörper möglichst weit anheben, mehr durch die Kraft des Rückens als der Arme, Kopf nach oben, Schulter nach hinten (3)
· In der Stellung Atem anhalten oder ruhig weiteratmen (mit zunehmender Praxis Dauer schrittweise steigern)
· Mit Ausatmung zurück in die Ausgangslage

Vorübung zur Kobra

· Beim Aufrichten Hände leicht vom Boden abheben (4)

Vorsicht bei: Bruch, Magengeschwür

Version 1.3

© Dr. Hans Kugler

Kobravariationen

yoga software

R-S3-4

Rückwärtsbeugung
in Bauch- / Seitenlage

Gut für: geschmeidigen Rücken, Ausrichtung Bandscheiben, Massage Bauchorgane, Schilddrüsen

Die drehende Kobra

- Ausgangslage: wie bei der Kobra (R-S3-3), dann die Beine leicht grätschen und die Zehen aufsetzen

- Einatmend in die Kobra aufrichten und den Atem anhalten, Kopf und Oberkörper nach links drehend zur Ferse des rechten Fußes blicken (1), den Atem weiter anhaltend nach einer Weile dann ebenso nach rechts drehen

- Ausatmend zurück zur Ausgangslage

Die hängende Kobra

- Ausgangslage: wie oben

- Einatmend in die Kobra aufrichten und den Atem anhalten, Arme durchstrecken und die Unterschenkel anwinkeln, Oberkörper nach unten wölben, Kopf in den Nacken und Fußsohlen in Richtung Hinterkopf (2)

- Atem und Stellung halten solange angenehm

- Ausatmend zurück in die Ausgangslage

je 1 bis 3 mal

Vorsicht bei: Bruch, Magengeschwür

Version 1.3

© Dr. Hans Kugler

Die Heuschrecke

yoga sellware

R-S3-5
Rückwärtsbeugung
in Bauch- / Seitenlage

Ausgangslage

• In der Seitenlage Hände vor dem Körper fest verschränken (1) und dann mit dem Körper in die Bauchlage auf die gestreckten Arme rollen, Kopf in den Nacken und das Kinn nach vorne

Halbe Heuschrecke:

• nach der Einatmung Atem anhalten und ein Bein möglichst weit gestreckt anheben ohne Becken und Hüften zu drehen (2)

• Atem und Stellung halten, solange angenehm

• ausatmend zurück zur Ausgangslage

Heuschrecke

• Zwei tiefe Atemzüge zur Vorbereitung

• nach der Einatmung Atem anhalten und die gestreckten und geschlossenen Beine möglichst hoch anheben, dabei die gestreckten und fest verschränkten Arme als Hebel in den Boden drücken (3)

• Atem und Stellung halten, solange ohne Überanstrengung möglich

• ausatmend zurück zur Ausgangslage

je 1 bis 3 mal

© Dr. Hans Kugler

R-S3-6

Rückwärtsbeugung
in Bauch- / Seitenlage

yoga software

Der Bogen

Gut für: Rücken und Schultern, Massage Bauchorgane, Kreislauf, Atmung, Ausrichtung Bandscheiben

Ausgangslage

- In der Bauchlage Unterschenkel anwinkeln und Fußgelenke mit den Händen umfassen, Kinn nach vorne zum Boden

Der einfache Bogen (-> Oberschenkel am Boden bleibend)

- nach der Einatmung Atem anhalten, Knie am Boden halten und die Füße nach hinten ziehend Oberkörper möglichst weit zurückbeugen, Kopf in den Nacken (1)
- Tief & ruhig atmend Stellung halten, solange angenehm
- Ausatmend zurück in die Bauchlage und entspannen

Bogen

- nach der Einatmung den Atem anhalten, gleichzeitig mit gestreckten Armen Oberschenkel und Oberkörper möglichst weit anheben, Kopf in den Nacken (2)
- die Stellung mit angehaltenem oder leicht gebremstem Atem halten, solange angenehm
- Ausatmend zurück in die Bauchlage und entspannen

Der schaukelnde Bogen

- Im Bogen mit dem Aus- und Einatmen vor (3) und zurück(4) schaukeln

je 1 bis 3 mal

Vorsicht bei: Bluthochdruck, Herzproblemen, Bruch, Magengeschwür

© Dr. Hans Kugler

Version 1.3

Hand zum Fuß in Seitenlage

yoga sellware

R-S6-1
Dehn- und Streckübung
in Bauch- / Seitenlage

Gut für: Beweglichkeit Hüftgelenke, Straffung Hüften und Oberschenkel, seitliche Rumpfmuskulatur

Ausgangslage
- In der Seitenlage (R-A-3) beide Arme über den Kopf strecken und Hände falten (1)

Grundform
- Als Vorübung: einatmend oberen Arm und Bein im 45°-Winkel nach oben strecken, zusammen mit Atem kurz halten (2), ausatmend senken
- einatmend oberen Arm und Bein gestreckt anheben und mit der Hand den Fuß am Zehenballen (oder wo möglich) fassen (3)
- ruhig weiteratmend Position eine Weile halten
- mit der Ausatmung zurück zur Ausgangslage, und nach evtl. Wiederholung auch zur anderen Seite

Mit aufgestütztem Kopf
- wie oben, aber Seitenlage mit aufgestütztem Kopf (R-A-3) als Ausgangslage (4)

je 1 bis 3 mal

Vorsicht bei: Bandscheiben- und Ischiasproblemen

Version 1.3

© Dr. Hans Kugler

Rückwärtsbeugen klassisch

yoga software

R-Z-1

zusammengesetzte Kurzfolge
in Bauch- / Seitenlage

Gut für: Geschmeidigkeit und Kräftigung Rücken, Ausrichtung Bandscheiben, Massage Bauchorgane,

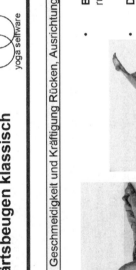

Bauchlage, Arme neben Körper (R-A-1)
ruhig atmend den Geist sammeln

Die Kobra (R-S3-3)
mit Vorübung (1)

Die Heuschrecke (R-S3-5)
zunächst ½ Heuschrecke 2 mal beide Seiten (2)
dann ganze Heuschrecke (3)

Der Bogen (R-S3-6)
Variation nach Wahl (4)

Bauchentspannungslage (R-A-2)
entspannen und nachspüren

Vorsicht bei: Bluthochdruck und Herzproblemen, Bruch , Magengeschwür, ernsten Rückenproblemen

Version 1.3

© Dr. Hans Kugler

193

Rückwärtsbeugen alternativ

yoga software

R-Z-2
zusammengesetzte Kurzfolge
in Bauch- / Seitenlage

Gut für: Geschmeidigkeit & Kräftigung Rücken & Flanken, Ausrichtung Bandscheiben, Massage Bauchraum

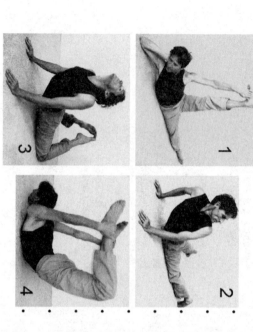

- **Hängebrücke (R-A-4)**
  ruhig atmend den Geist sammeln
- **Hand zum Fuß in Seitenlage (R-S6-1)**
  1 bis 2 mal mit linkem Arm und Bein (1)
- **Bauchentspannungslage (R-A-2)**
  linkes Bein angewinkelt kurz entspannen
- **Drehende Kobra (R-S3-4)**
  1 bis 2 mal nur nach links drehend (2)
- **Hängende Kobra (R-S3-4)**
  am Schluss Unterschenkel angewinkelt lassen (3)
- **Bogen (R-S3-6)**
  1 mal schaukelnd (4)
- **Hängende Kobra (R-S3-4)**
  am Schluss die Unterschenkel senken
- **Drehende Kobra (R-S3-4)**
  1 bis 2 mal nur nach rechts drehend
- **Bauchentspannungslage (R-A-2)**
  rechtes Bein angewinkelt kurz entspannen
- **Hand zum Fuß in Seitenlage (R-S6-1)**
  1 bis 2 mal mit rechtem Arm und Bein
- **Hängebrücke (R-A-4)**
  entspannen und nachspüren

Vorsicht bei: Bluthochdruck und Herzproblemen, Bruch , Magengeschwür, ernsten Rückenproblemen

Version 1.3

Den Rücken stärken

yoga software

R-Z-3

zusammengesetzte Kurzfolge
in Bauch- / Seitenlage

Gut für: Kräftigung Rückenmuskulatur, Druckmassage Bauchorgane, Herz und Lungen

- **Bauchentspannungslage (R-A-2)**
  Hände vorne gefaltet, sich ruhig atmend sammeln

- **Das Boot in Bauchlage (R-S3-1)**
  1 bis 2 mal Grundform (1)
  1 bis 2 mal Arme nach hinten (2)

- **Die Schlange (R-S3-2)**
  1 bis 2 mal Grundform (3)

- **Die Heuschrecke (R-S3-5)**
  1 bis 2 mal (4)

- **Die Schlange (R-S3-2)**
  1 bis 2 mal Hände im Nacken

- **Bauchentspannungslage (R-A-2)**
  Hände im Nacken, entspannen und nachspüren

Vorsicht bei: Bluthochdruck und Herzproblemen, Bruc., Magengeschwür, ernsten Rückenproblemen

Version 1.3

© Dr. Hans Kugler

Der Fersensitz

yoga sellware

Gut für:

1

2

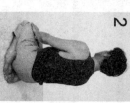

3

4

Grundform

- Auf den Fersen sitzend, die Beine aneinander, Hände auf den Oberschenkeln (1), bei Bedarf weiche Unterlage zwischen Fersen und Gesäß

Zwischen den Fersen

- Wie oben, aber Fersen nach außen gedreht, große Zehen übereinander (2)

Auf den Händen

- Wie „zwischen den Fersen", aber mit den Händen zwischen Fersen und Gesäß, Finger nach innen (3)

Mit gegrätschten Beinen

- Beine breit gegrätscht, Fersen evtl. nach außen gedreht und große Zehen übereinander

Beckenbodensitz

- Wie mit gegrätschten Beinen, aber zur Aktivierung der Beckenbodenmitte auf eine zusammengerollte Decke zwischen den Fersen setzen (4)

Vorsicht bei:

© Dr. Hans Kugler

Die Stellung des Kindes

yoga software

S-A-2

Ausgangs- oder Entspannungslage
im Fersensitz / Knien / Hocken

Grundform

- Im Fersensitz der Oberkörper nach vorne gebeugt und die Stirn zum Boden, Arme nach hinten mit den Handflächen nach oben, Ellbogen entspannt auf dem Boden (1)

Stirn auf den Fäusten (-> bei Korpulenz)

- Wie Grundform, aber die Stirn auf die übereinander gestellten Fäuste gelegt, evtl. Beine leicht gegrätscht (2)

Arme nach vorne

- Wie Grundform, aber die Arme nach vorne gestreckt mit den Handflächen nach unten (3)

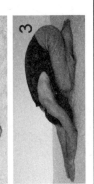

Version 1.3

© Dr. Hans Kugler

Der Kniestand

S-A-3

Ausgangs- oder Entspannungslage
im Fersensitz / Knien / Hocken

Gut für:

yoga selbware

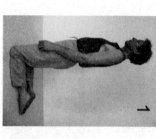

1

2

Grundform

· Aufrecht kniend mit hüftbreit geöffneten Knien
und den Füßen flach auf dem Boden
aufliegend (1)

Mit aufgesetzten Zehen

· Wie Grundform, aber Zehen aufgesetzt (2)

Vorsicht bei:

Version 1.3

© Dr. Hans Kugler

198

Der Vierfüßlerstand

yoga software

S-A-4

Ausgangs- oder Entspannungslage
im Fersensitz / Knien / Hocken

Gut für:

Grundform

- Im Kniestand Oberkörper nach vorne gebeugt und auf die gestreckten Arme gestützt, Hände schulterbreit auseinander, nach vorne zeigend, Rücken und Kopf in einer gerade Linie, Ober- Schenkel und Arme senkrecht zum Boden (1)

Mit aufgesetzten Zehen

- Wie Grundform, aber Zehen aufgesetzt (2)

Stützdreieck im Vierfüßlerstand

- Im Vierfüßlerstand die Ellbogen auf dem Boden aufgesetzt und wechselseitig mit den Händen umfasst (3)

- dann in dieser Ellbogenposition die Unterarme nach vorne gedreht und die Hände fest zu einem stabilen Stützdreieck verschränkt (4)

Vorsicht bei:

Version 1.3

Die Hocke

yoga seitware

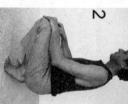

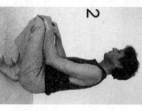

Grundform

* Mit schulterbreit geöffneten Knien auf den
  Unterschenkeln hockend, Fußsohlen flach
  auf dem Boden, Knie unter den Achsel-
  Höhlen, Arme gestreckt und Handflächen
  nach vorne auf dem Boden (1)

Mit angehobenen Fersen

* Mit geschlossenen Beinen auf den
  angehobenen Fersen hockend,
  Hände auf den Knien (2)

Fersendreieck

* Beine gegrätscht, Fersen vom Boden
  abgehoben und mit den Zehenballen ein
  Dreieck bildend aneinander gestützt,
  gestreckte Arme mit gespreizten Händen
  unter den Schultern auf dem Boden
  aufgestützt (3)

Gut für:

Vorsicht bei:

Version 1.3

© Dr. Hans Kugler

Der Hase

yoga software

S-B0-1

Bewegung für den ganzen Körper
im Fersensitz / Knien / Hocken

Gut für: Lockerung und Geschmeidigkeit der Wirbelsäule, Massage Bauchorgane, Beruhigung

Der Hase

- Ausgangslage: Im Fersensitz (S-A-1) einatmend die Arme im Schulterabstand weit nach oben strecken

- Ausatmend Arme und Oberkörper in einer geraden Linie nach vorne beugen, zeitgleich Stirn, Ellbogen und Hände schulterbreit zum Boden bringen (1)

- Stellung mit angehaltenem Atem und entspannten Armen halten, solange angenehm (Dauer mit zunehmender Praxis ausdehnen), oder mit gebremster Atmung (U-A1-2) tief und ruhig weiteratmen

- Einatmend mit gestreckten Armen und Oberkörper zurück in die Ausgangslage und ggf. wiederholen

Der Hase mit Fäusten in der Magengrube

- wie oben, aber mit Fäusten in der Magengrube (2)

Der Hase in Kombination mit der Kobra

- Ausgangslage: siehe 1

- einatmend Kopf knapp über dem Boden zwischen den Unterarmen hindurch (3) nach vorne in die Kobra (R-S3-3) mit gestreckten Armen gleiten lassen

- Atem und Stellung mit nach unten durch gewölbtem Körper einige Sekunden halten (4)

- Ausatmend Gesäß anheben und zurück zur Ausgangslage, ohne die Handposition zu ändern

je 3 bis 5 mal

Vorsicht bei:

Version 1.3

© Dr. Hans Kugler

201

Katzenübungen

yoga selfware

Gut für: Lockerung Rücken, Schultern & Nacken, Bauchorgane, Kreislauf, Straffung Hüften & Oberschenkel

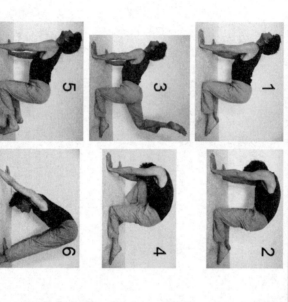

Ausgangsstellung: Vierfüßlerstand (S-A-4)

Die Katze

- Einatmend langsam den Bauch nach unten wölben, Kopf und Po nach oben (1)
- Ausatmend mittleren Rücken langsam nach oben wölben, Kopf zur Brust und Becken nach vorne (2)
- Dazwischen Atem und Stellung eine Weile halten

Der Tiger

- Wie die Katze, aber einatmend ein Bein nach oben wölben und Fußsohle in Richtung Hinterkopf führen (3), ausatmend das Bein unter dem Oberkörper anwinkeln und Knie zur Stirn bringen (4)
- Dasselbe nach einigen Wiederholungen auch mit dem anderen Bein

Katze in Kombination mit dem Hund

- Ausgangslage: Vierfüßlerstand, Zehen aufgesetzt
- Einatmend: wie Katze (5)
- Ausatmend: Beine strecken, Kinn zur Brust und Fersen zum Boden, Schultern durchdrücken (6)

je 5 bis 10 Runden

Vorsicht bei: fortgeschrittene Schwangerschaft

© Dr. Hans Kugler

Hockübungen
für den ganzen Körper

yoga software

S-B0-3

Bewegung für den ganzen Körper
im Fersensitz / Knien / Hocken

Gut für: Energieaktivierung, Lockerung Wirbelsäule, Kräftigung Arme und Beine, Massage Beckenorgane

Der schnelle Frosch

- Ausgangslage: Hocke mit Fersendreieck (S-A-5), Hände mit gespreizten Fingern unter den Schultern zum Boden (1)
- Einatmend bei gleicher Hand- und Fußstellung Beine strecken, Gesäß anheben und Kopf zu den Knien beugen (2)
- ausatmend zurück zur Ausgangslage
- 10 bis 50 mal wiederholen

Der langsame Frosch

- Ausgangslage: in der Grundform der Hocke (S-A-5) Hände auf Oberseite der Füße legen, Daumen nach außen, Finger nach innen, Oberarme die Knie nach außen drückend, einatmend Kopf in den Nacken wölben (3), Atem und Stellung etwas halten
- Ausatmend bei gleicher Hand- und Fußstellung Beine strecken, Gesäß anheben und Kopf zu den Knien beugen (4), Atem und Stellung etwas halten
- Einatmend zurück zur Ausgangslage
- 5 bis 10 mal wiederholen

Vorsicht bei: Bluthochdruck

© Dr. Hans Kugler

Hockübungen für den Unterkörper

yoga seitware

S-B1-1

kraftvolle Bewegung für Unterkörper im Fersensitz / Knien / Hocken

Gut für: Geschmeidigkeit der Knie- und Hüftgelenke, Blutkreislauf in den Beinen, Massage Bauchorgane

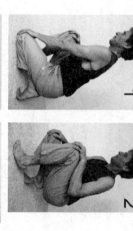

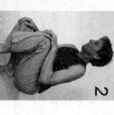

Der Krähengang

- Ausgangslage: In der Hocke mit angehobenen Fersen (S-A-5), einen Fuß nach vorne aufsetzen, das zweite Knie zum Boden, Hände auf den Knien bleibend (1)
- Über den ersten Fuß nach vorne rollend (2) dann den zweiten Fuß nach vorne aufsetzen und spiegelbildlich das erste Knie zum Boden bringen
- Mit dem Gesäß möglichst auf den Fersen bleibend so 10 bis 50 Schritte gehen

Die Drehhocke

- Ausgangslage: In der Hocke mit angehobenen Fersen (S-A-5), Hände auf die Knie legen und dort lassen (3)
- Ausatmend das rechte Knie vor dem linken Fuß zum Boden bringen, dabei Kopf und Oberkörper nach links drehen und das linke Knie als Hebel mit der Hand nach rechts drücken (4)
- Tief einatmend zurück zur Ausgangslage
- Ausatmend dasselbe spiegelbildlich zur anderen Seite
- Bis zu 5 mal wiederholen

Version 1.3

© Dr. Hans Kugler

Hockübungen
für den Oberkörper

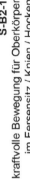

yoga selfware

S-B2-1

kraftvolle Bewegung für Oberkörper
im Fersensitz / Knien / Hocken

Gut für: Beckengürtel, Muskeln und Nerven an Schultern, Nacken, oberem Rücken, Becken, Armen, Beinen

Holz hacken

- Ausgangsstellung: In der Grundform der Hocke (S-A-5) die Hände verschränken und mit gestreckten Armen zum Boden bringen (1)
- Einatmend Arme nach oben strecken (2)
- Kraftvoll ausatmend gestreckte Arme wie in einer Hackbewegung zurück zur Ausgangslage
- 5 bis 10 mal wiederholen

Der Gruß

- Ausgangsstellung: In der Grundform der Hocke (S-A-5) Oberarme zwischen die Knie, Hände vor dem Oberkörper falten, einatmend den Kopf nach hinten wölben und Knie mit den Oberarmen nach hinten drücken (3), Atem und Stellung etwas halten
- ausatmend Arme mit gefalteten Händen waagrecht nach vorne strecken, Oberarme mit den Knien nach vorne drücken (4), Atem und Stellung etwas halten
- Einatmend zurück zur Ausgangslage
- 5 bis 10 mal wiederholen

1

2

3

4

Vorsicht bei:

Version 1.3

Der Delphin

S-B4-1

yoga selfware

kraftvolle Bewegung für Hände und Arme
im Fersensitz / Knien / Hocken

Gut für: Kräftigung von Oberarm- & Schultermuskeln (-> Vorübung für den Kopfstand)

Ausgangslage

- Im Stützdreieck im Vierfüßlerstand (S-A-4)
  Zehen aufsetzen, einatmend die Beine
  strecken und Kopf in den Nacken wölben (1)

Delphin

- Ausatmend mit dieser Kopfposition Kinn vor
  die verschränkten Hände absenken (2)
- einatmend zurück in die Ausgangslage (1)
  und wiederholen solange angenehm
- Zum Abschluss entspannen in der Stellung
  des Kindes (S-A-2)

Vorsicht bei: Bluthochdruck und Herzproblemen

Version 1.3

© Dr. Hans Kugler

Die Kopfbeuge

S-S1-1
Umkehrstellung
im Fersensitz / Knien / Hocken

yoga software

Gut für: Durchblutung des Kopfes, Öffnung der Atemwege (-> gut gegen Asthma), Vorbereitung Kopfstand

Die kleine Kopfbeuge

- Ausgangslage: Stellung des Kindes (S-A-2)
- Einatmend Gesäß anheben und Kopf auf die Scheitelmitte rollen, Hände mit gestreckten Armen auf die unteren Waden, Daumen nach innen, Finger von außen auf die Fußgelenke (1)
- In der Stellung Atem anhalten oder einige tiefe und ruhige Atemzüge nehmen, dabei Arme nach unten drücken, Kopf und Oberschenkel möglichst in die Senkrechte bringen
- Ausatmend zur Ausgangslage und entspannen

Die große Kopfbeuge

- Ausgangslage: Stützdreieck im Vierfüßlerstand mit aufgesetzten Zehen (S-A-4)
- Ausatmend Scheitelmitte vor den Händen zum Boden, Hinterkopf in die verschränkten Hände und so fest in das Stützdreieck einbinden (2)
- Einatmend Beine strecken und Gesäß anheben
- Den Atem anhaltend mit gestrecktem Rücken und Nacken in kleinen Schritten nach vorne, bis Oberkörper möglichst aufrecht (3)
- In der Stellung Atem halten oder ruhig atmen
- Ausatmend in die Stellung des Kindes (S-A-2) und entspannen

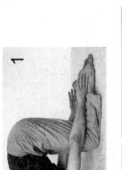
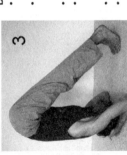
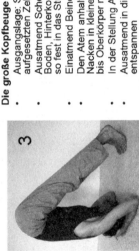

Vorsicht bei: schwachem Nacken, Bluthochdruck, Neigung zu Schwindel

Version 1.3

© Dr. Hans Kugler

207

Der Kopfstand

yoga selfware

S-S1-2

fordernde Umkehrstellung
im Fersensitz / Knien / Hocken

Gut für: Gehirndurchblutung, Nerven- & Drüsensystem, Kreislauf, Lockerung Rücken, emotionaler Ausgleich

Ausgangslage: große Kopfbeuge (S-S1-1)

Aufbau des ¼ Kopfstands

- In der großen Kopfbeuge die Füße strecken, ein Bein so anwinkeln, dass Knie möglichst nah an der Brust und Ferse möglichst nah am Gesäß, dann das zweite Bein gestreckt leicht vom Boden abheben (1)

Aufbau des ½ Kopfstands

- Im ¼ Kopfstand das zweite Bein wie das erste anwinkeln, Rücken und Nacken strecken (2)

Aufbau des Kopfstands

- Im ½ Kopfstand Beine senkrecht nach oben strecken, Rücken und Nacken dabei gerade, Füße aneinander und entspannt (3)

Halten und Auflösen der Kopfstandvarianten

- ruhig atmend das Gewicht gleichmäßig auf dem Stützdreieck verteilen, Rücken und Nacken möglichst gestreckt halten
- In umgekehrter Abfolge der Schritte zurück zur großen Kopfbeuge, ausatmend weiter in die Stellung des Kindes und dort entspannen

Vorsicht bei: Bluthochdruck, akuten Kopfschmerzen, Augen- & Herzproblemen, Menstruation, Schwangers.

© Dr. Hans Kugler

Das Kamel

yoga software

S-S3-1

z.T. fordernde Rückwärtsbeugung
im Fersensitz / Knien / Hocken

Gut für: Verdauungs- und Fortpflanzungsorgane, Lockerung Wirbelsäule, Anregung Schilddrüsen

Ausgangslage

- Ausgangslage: Kniestand (S-A-3),
  für Anfänger leichter mit aufgesetzten Zehen

½ Kamel: Grundform

- ausatmend nach rechts drehen und rechten Daumen auf
  die linke Ferse stützen, Finger außen ans Fußgelenk
- Gleichzeitig linke Hand auf Augenhöhe nach
  vorne strecken mit der Handfläche nach unten,
  Kopf leicht nach hinten geneigt und zur Hand blickend,
  Becken und Hüften möglichst weit nach vorne gewölbt
  (1: mit aufgesetzten Zehen, 2: mit flachen Zehen)

½ Kamel: Hand nach oben gestreckt

- Linke Hand nicht nach vorne, sondern senkrecht nach
  oben gestreckt, Kopf im Nacken und zur Hand blickend (3)

Kamel

- Ausatmend Kopf und Oberkörper zurückbeugen,
  erst rechte Handfläche auf rechte Ferse stützen, dann linke
  Hand auf linke Ferse, Becken möglichst weit nach vorne
  wölben, Kopf möglichst weit nach hinten (4)

Halten und Auflösen der Kamelvarianten

- Ruhig atmend oder den Atem anhaltend die Stellung halten
  solange angenehm (Dauer schrittweise ausdehnen)
- Einatmend zurück zur Ausgangslage
- Beim ½ Kamel dasselbe zur anderen Seite
- Kurze Entspannung in Stellung des Kindes (S-A-2)

Vorsicht bei: Schilddrüsenüberfunktion, ernsteren Rücken- und Nackenproblemen

1 2 3 4

© Dr. Hans Kugler

Der schlafende Donnerkeil

yoga software

S-S3-2

fordernde Rückwärtsbeugung
im Fersensitz / Knien / Hocken

Gut für: Massage Bauchorgane, Öffnung Brustkorb & Schultern, geschmeidigen Rücken und Oberschenkel

Ausgangslage

- Fersensitz (S-A-1), wenn möglich, zwischen Fersen

Schlafender Donnerkeil: Grundform

- erst rechts, dann links mit der Hand das untere Schienbein umfassen und Ellbogen am Boden aufstützen
- auf beide Ellbogen gestützt ausatmend den Kopf mit Scheitelmitte nach hinten zum Boden bringen, Brustkorb und Schultern öffnen (1)
- evtl. Hände in Richtung Hals falten (2)

Schlafender Donnerkeil: Intensivform

- In der Grundform Hinterkopf zum Boden sinken lassen und Hände im Nacken verschränken (3) oder Unterarme hinter dem Kopf (4)

Halten und Auflösen der Stellungen

- Ruhig atmend die Stellung halten solange angenehm (Dauer schrittweise ausdehnen)
- Einatmend zurück zur Ausgangslage
- Kurze Entspannung in Stellung des Kindes (S-A-2)

Vorsicht bei: Ischias, Problemen mit Bandscheiben, Kreuzbein oder Knien

© Dr. Hans Kugler

Der einfache Drehsitz

S-S5-1

einfache Seitwärtsdrehung
im Fersensitz / Knien / Hocken

yoga software

Gut für: Lockerung Wirbelsäule, Linderung Rücken- und Nackenbeschwerden, Massage Bauchorgane

Ausgangslage: Fersensitz (S-A-1)

Grundform

- Ausatmend Kopf und Oberkörper aufrecht nach links drehen, dabei rechte Hand auf linke Schulter und linken Handrücken auf rechte Hüfte (1)
- Stellung einige ruhige Atemzüge halten
- Einatmend zurück zur Ausgangslage
- dasselbe nach rechts
- bis zu 5 mal wiederholen

Armvariation: Hände auf Schultern gestützt

- Arme in Ausgangslage seitlich anwinkeln, Hände auf die Schultern legen und dort halten, gestreckte Oberarme bleiben in einer geraden Linie (2)

Armvariation: Hände im Nacken verschränkt

- In der Ausgangslage Hände im Nacken verschränken, gestreckte Oberarme bleiben in einer geraden Linie (3)

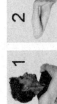

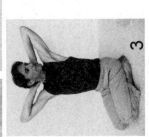

Vorsicht bei: gravierenden Rückenproblemen, Magengeschwüren, Bruch

Version 1.3

© Dr. Hans Kugler

211

Der fordernde Drehsitz

yoga seitware

S-S5-2
fordernde Seitwärtsdrehung
im Fersensitz / Knien / Hocken

Gut für: Lockerung Wirbelsäule, Linderung Rücken- und Nackenbeschwerden, Massage Bauchorgane

Ausgangslage mit untergeschlagenem rechten Bein

- Aus dem Fersensitz (S-A-1) nach rechts zum Boden absetzen, linkes Bein aufstellen und Fuß über das rechte Knie schlagen, Arme zur Seite (1)

Drehung nach links

- Einatmend Arme weit über den Kopf strecken, ausatmend Oberkörper nach links drehen und so nach vorne beugen, dass Außenseite des rechten Oberarms in Achselnähe gegen Außenseite des linken Knies drücken kann, mit der rechten Hand den linken Fuß fassen (2)

- Kopf und Oberkörper aufrichten und möglichst weit nach links drehen, linke Hand mit gespreizten Fingern nach hinten zum Boden (3) oder mit Handrücken auf die rechte Hüfte (4)

- Stellung einige tiefe und ruhige Atemzüge halten und in umgekehrter Abfolge wieder auflösen

Dasselbe spiegelbildlich zur anderen Seite

© Dr. Hans Kugler

Die Psoas-Dehnung

yoga software

S-S6-1

Dehn- und Streckübung
im Fersensitz / Knien / Hocken

Gut für: Dehnung der Psoasmuskeln und Beinrückseiten, Aufrichten und Entspannung des unteren Rückens

Ausgangslage für die rechte Seite

- Im Kniestand den rechten Fuß so weit nach vorne setzen, dass der rechte Unterschenkel senkrecht zum Boden steht, linkes Knie weit nach hinten zum Boden wie im Spagat

Der Sprinter

- Handflächen neben dem rechten Fuß zum Boden, Kopf nach oben, Schultern nach unten (1)
- Den Körper ruhig atmend in die Dehnung sinken lassen

Grundform

- Verschränkte Hände über dem rechten Knie aufgestützt (2), oder Hände vor dem Oberkörper gefaltet

Der Halbmond

- Aus der Grundform Arme mit gefalteten Händen weit über den Kopf strecken und zusammen mit Kopf und Oberkörper nach hinten wölben (3)

Der Spagat

- das rechte Bein auf der Ferse nach vorne rutschen lassen und Arme mit gefalteten Händen weit über den Kopf strecken (4)

Dasselbe spiegelbildlich für die linke Seite

1

2

3

4

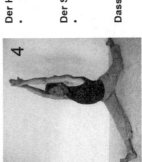

Vorsicht bei:

Version 1.3

© Dr. Hans Kugler

213

Rücken und Glieder stärken

S-S6-2
Dehn- und Streckübung
im Fersensitz / Knien / Hocken

yoga seltware

Gut für: Streckung des Rückens, Kräftigung der Muskulatur an Rücken, Armen und Beinen

Ausgangslage: Vierfüßlerstand (S-A-4)

Die diagonale Katze (-> Zehen flach)
- Einatmend einen Arm und das andere Bein in eine gerade Linie mit Kopf und Rücken strecken
- Hände und Zehen ebenfalls in dieser geraden Linie gestreckt oder Handrücken und Zehen zum Kopf gezogen so, als würden Hand und Sohle eine Wand wegdrücken (1)
- Stellung mit angehaltenem Atem / einige Atemzüge halten
- Ausatmend zurück zur Ausgangslage und dasselbe spiegelbildlich zur anderen Seite

Der Hund (-> Zehen aufgesetzt)
- Einatmend Beine strecken und Gesäß anheben, Kinn zur Brust und Fersen zum Boden, Rücken, Arme und Beine strecken, Schultern nach unten wölben (2)
- Stellung einige tiefe Atemzüge halten, dabei evtl. die Beine einzeln mit angezogenen Zehen nach oben strecken (3)
- Ausatmend zurück zur Ausgangslage

Der achtfache Gruß (-> Zehen aufgesetzt)
- Ausatmend unteren Brustkorb und Kinn zwischen den Händen zum Boden bringen, Gesäß nach oben (4)
- Stellung einige ruhige Atemzüge halten
- Einatmend zurück zur Ausgangslage

Vorsicht bei:

Die schiefe Ebene vor- und seitwärts

S-S7-1

z.T. fordernde Kraft- und Gleichgewichtsübung
im Fersensitz / Knien / Hocken

yoga selfware

Gut für: Kräftigung Handgelenke und Muskulatur an Rumpf, Armen und Beinen, inneres Gleichgewicht

Ausgangslage:
- Stellung des Kindes, Arme nach vorne (S-A-2)

Schiefe Ebene vorwärts
- Einatmend den Körper zur geraden Linie nach vorne strecken, auf Zehenballen und gestreckte Arme stützen, evtl. einen Arm im Rücken anwinkeln (1)
- Stellung mit angehaltenem Atem oder einige tiefe Atemzüge halten und ausatmend wieder auflösen

Schiefe Ebene seitwärts
- In der schiefen Ebene vorwärts den geraden Körper seitwärts drehen, auf den unteren Arm stützen, oberer Arm dabei im Rücken angewinkelt oder gestreckt aufliegend (2)

Schiefe Ebene seitwärts: Variationen
- In der schiefen Ebene seitwärts das obere Bein nach oben strecken und mit der Hand fassen (3)
- Evtl mit dieser Hand das Bein dann in den ½ Lotus bringen und Arm im Rücken anwinkeln (4)

Vorsicht bei:

Version 1.3

© Dr. Hans Kugler

Auf den Ellbogen balancieren

yoga seltware

S-S7-2

Kraft- und Gleichgewichtsübung
im Fersensitz / Knien / Hocken

Gut für: Körperkontrolle, Handgelenke & Arme, Pfau -> Blutreinigung, Massage Bauchorgane, Muskelkraft

Die Krähe

- Ausgangslage: in der Hocke (S-A-5), die gestreckten Arme zwischen den breit gegrätschten Knien mit gespreizten Fingern unter den Schultern zum Boden, Hände leicht nach innen gedreht, Ellbogen nach außen und leicht gebeugt, so dass sich die Innenseiten der Knie gut auf den Oberarmen abstützen können (1)
- Einatmend das Gesäß anheben, den Atem anhaltend Oberkörper bis zum Gleichgewichtspunkt nach vorne beugen, dann die Beine vom Boden abheben und Kopf nach hinten in den Nacken (2)
- Stellung mit angehaltenem Atem oder einige tiefe Atemzüge halten und ausatmend wieder auflösen

Der Pfau

- Ausgangslage: Im Fersensitz mit breit gegrätschten Knien (S-A-1)Unterarme zwischen den Waden mit nach hinten zeigenden Händen und sich berührenden Ellbogen zum Boden, Nabel auf die Ellbogen stützen und Kopf mit dem Scheitel nach vorne zum Boden beugen, Beine mit aufgesetzten Zehen nach hinten strecken (3)
- Einatmend den Kopf anheben, den Atem anhaltend Körper bis zum Gleichgewichtspunkt nach vorne, dann die Beine vom Boden abheben (4)
- Stellung mit angehaltenem Atem oder einige tiefe Atemzüge halten und ausatmend wieder auflösen

Vorsicht bei: Bluthochdruck, Herzbeschwerden, Gehirnthrombose, Magengeschwür, Bruch

Version 1.3

© Dr. Hans Kugler

Auf Händen und Armen balancieren

S-S7-3

fordernde Kraft- und Gleichgewichtsübung
im Fersensitz / Knien / Hocken

yoga software

Gut für: Nervensystem, Konzentration & Körperkontrolle, Kräftigung Arme, Gehirndurchblutung

Der Unterarmstand

- Ausgangslage: Im Stützdreieck im Vierfüßlerstand mit aufgesetzten Zehen (S-A-4) Handflächen nach unten zum Boden, Beine strecken, Kopf in den Nacken (1)
- Ein Bein gestreckt nach oben schwingen lassen, das zweite angewinkelt nachziehen und mit der Sohle auf das Knie des gestreckten Beins stützen (2)
- Evtl. zweites Bein ebenfalls nach oben strecken

Der ½ Handstand

- Ausgangslage: Im aufrechten Stand (N-A-1) nach vorne beugen und die gestreckten Arme senkrecht mit den Handflächen zum Boden bringen, Kopf nach hinten in den Nacken, Rücken und Arme gestreckt
- Nach der Einatmung Atem anhalten und die Fersen anhebend zum Gleichgewichtspunkt nach vorne neigen, dann die Beine angewinkelt über das Gesäß heben (3)
- Stellung mit angehaltenem Atem oder einige tiefe Atemzüge halten und ausatmend wieder auflösen, oder weiter in den

Der Handstand

- im halben Handstand die Beine senkrecht nach oben strecken

1

2

3

4

Vorsicht bei: Bluthochdruck und Herzbeschwerden

Version 1.3

© Dr. Hans Kugler

Den Tieren auf der Spur

yoga sellware

S-Z-1
Zusammengesetzte Kurzfolge
im Fersensitz / Knien / Hocken

Gut für: Geschmeidigkeit Wirbelsäule, Massage Bauch- und Beckenorgane, Kräftigung Arme und Beine

- **Stellung des Kindes, Arme nach vorn (S-A-2)**
  Sich ruhig atmend sammeln

- **Hase kombiniert mit Kobra (S-B0-1)**
  2-3 mal (1), aus der Kobra direkt weiter in

- **Die Katze (S-B0-2)**
  2-3 mal, in letzter Runde Zehen aufsetzen (2)

- **Katze kombiniert mit Hund (S-B0-2)**
  2-3 mal, dann mit Händen zu Füßen wandern (3)

- **Der Frosch (S-B0-3)**
  langsam 3-5 mal oder schnell 10-20 mal,
  zum Schluss aus Hockstellung nach vorne in

- **Stellung des Kindes, (S-A-2)**
  nachspüren und entspannen

Vorsicht bei: fortgeschrittene Schwangerschaft

Version 1.3

© Dr. Hans Kugler

Muskeln dehnen und stärken

S-Z-2

Zusammengesetzte Kurzfolge
im Fersensitz / Knien / Hocken

yoga software

Gut für: Dehnung und Kräftigung Muskeln an Armen und Beinen, Schultern und Rücken

- **Die Hocke, Grundform (S-A-5)**
  sich ruhig atmend sammeln

- **Der Gruß (S-B2-1)**
  langsam 2-3 mal (1)

- **Holz hacken (S-B2-1)**
  schneller 5 bis 10 mal (2)

- **Die diagonale Katze (S-S6-1)**
  langsam 2 mal auf beiden Seiten (3)

- **Der Delphin (S-B4-1)**
  schneller 5 bis 10 mal

- **Stellung des Kindes, (S-A-2)**
  nachspüren und entspannen

Vorsicht bei: Bluthochdruck und Herzproblemen

Version 1.3

© Dr. Hans Kugler

Ein Kamelzyklus

S-Z-3

yoga selfware

Zusammengesetzte Kurzfolge
im Fersensitz / Knien / Hocken

- **Kniestand (S-A-3)**
  sich ruhig atmend sammeln

- **½ Kamel (S-S3-1)**
  je 1 mal Grundform: Zehen aufgesetzt (1)

- **½ Kamel (S-S3-1)**
  je 1 mal Hand nach oben, Zehen flach (2)

- **Kamel (S-S3-1)**
  Zehen flach (3)

- **Schlafender Donnerkeil (S-S3-2)**
  erst Grundform (4)
  dann, wenn möglich Intensivform

- **Stellung des Kindes, (S-A-2)**
  nachspüren und entspannen

© Dr. Hans Kugler

Kreislauf der schiefen Ebenen

yoga software

S-Z-4

Zusammengesetzte Kurzfolge
im Fersensitz / Knien / Hocken

Gut für: Kräftigung Handgelenke und Muskulatur an Rumpf, Armen und Beinen, inneres Gleichgewicht

- **Stellung des Kindes, (S-A-2)**
  sich ruhig atmend sammeln

- **schiefe Ebene vorwärts (S-S7-1)**
  linken Arm im Rücken anwinkeln (1)

- **Schiefe Ebene auf dem rechten Arm (S-S7-1)**
  zunächst linker Arm im Rücken angewinkelt
  dann linke Hand den linken Fuß fassend (2)
  dann linkes Bein im ½ Lotus (3)

- **schiefe Ebene rückwärts (O-S7-2)**
  erst linkes Bein im ½ Lotus (4)
  dann beide Beine gestreckt
  schließlich rechtes Bein im ½ Lotus (4)

- **Schiefe Ebene auf dem linken Arm (S-S7-1)**
  erst rechtes Bein im ½ Lotus
  dann rechte Hand den rechten Fuß fassend
  dann Beine geschlossen, rechter Arm im Rücken

- **schiefe Ebene vorwärts (S-S7-1)**
  rechten Arm im Rücken anwinkeln

- **Stellung des Kindes, (S-A-2)**
  nachspüren und entspannen

Vorsicht bei:

Version 1.3

© Dr. Hans Kugler

221

Der Sonnengruß

yoga software

Gut für: Anregung aller Körperfunktionen und Energiezentren, Kreislauf und Atmung, Bewegungsapparat

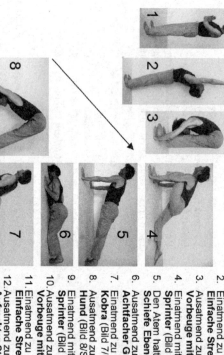

1. Ausatmend zu
Aufrechter Stand, Hände gefaltet (Bild 1/N-A-1)

2. Einatmend zu
Einfache Streckung (Bild 2/N-S6-2)

3. Ausatmend zu
Vorbeuge mit gestrecktem Rücken (Bild 3/N-S2-1)

4. Einatmend mit rechtem / linkem* Bein nach hinten zu
Sprinter (Bild 4/S-S6-1)

5. Den Atem haltend in
Schiefe Ebene vorwärts (Bild 5/S-S7-1)

6. Ausatmend zu
Achtfacher Gruß (Bild 6/S-S6-2)

7. Einatmend zu
Kobra (Bild 7/R-S3-3)

8. Ausatmend zu
Hund (Bild 8/S-S6-2)

9. Einatmend mit rechtem / linkem * Bein nach vorne zu
Sprinter (Bild 4/S-S6-1)

10. Ausatmend zu
Vorbeuge mit gestrecktem Rücken (Bild 3/N-S2-1)

11. Einatmend zu
Einfache Streckung (Bild 2/N-S6-2)

12. Ausatmend zu
Aufrechter Stand, Hände gefaltet (Bild 1/N-A-1)

13. Einatmend zu
Aufrechter Stand, Arme gesenkt

fließend mit nur einem Atemzug pro Position oder langsam mit mehreren Atemzügen pro Position
einige Runden (* = abwechselnd mit jeder Runde)

Vorsicht bei: Bluthochdruck, Herzerkrankungen, Bruch, akuten Rückenbeschwerden, Beginn Menstruation

Sonnengruß mit Konzentration auf die Energiezentren

T-Z-2

zusammengesetzte Kurzfolge in mehreren Lagen

yoga software

Gut für: wie beim Sonnengruß, verstärkte Wirkung auf die Energiezentren (siehe Klammern)

1. Ausatmend zu
   Aufrechter Stand, Hände gefaltet (Herz-Z RAM / grün)
2. Einatmend zu
   Einfache Streckung (Hals-Z: HAM / blau)
3. Ausatmend zu
   Vorbeuge (Unterbauch-Z: VAM / orange)
4. Einatmend mit rechtem / linkem * Bein nach hinten zu
   Sprinter (Stirn-Z: OM / violett)
5. Den Atem haltend in
   Schiefe Ebene vorwärts (Oberbauch-Z: RAM / gelb)
6. Ausatmend zu
   Achtfacher Gruß (Oberbauch-Z: RAM / gelb)
7. Einatmend zu
   Kobra (Herz-Z: YAM / grün)
8. Ausatmend zu
   Hund (Beckenboden-Z: LAM / rot)
9. Einatmend mit rechtem / linkem * Bein nach vorne zu
   Sprinter (Stirn-Z: OM / violett)
10. Ausatmend zu
    Vorbeuge (Unterbauch-Z: VAM / orange)
11. Einatmend zu
    Einfache Streckung (Hals-Z: HAM / blau)
12. Ausatmend zu
    Aufrechter Stand, Hände gefaltet (Herz-Z: YAM / grün)
13. Einatmend zu
    Aufrechter Stand, Arme gesenkt (Scheitel-Z: weiß-gold)

Dabei im Energiezentrum Symbolfarbe visualisieren und/oder Klangsymbol einige Male wiederholen (-> in Klammern)

Vorsicht bei: Bluthochdruck, Herzerkrankungen, Bruch, akuten Rückenbeschwerden, Beginn Menstruation

Version 1.3

© Dr. Hans Kugler

Einfacher Sonnengruß

yoga selware

T-Z-3

zusammengesetzte Kurzfolge
in mehreren Lagen

Gut für: Anregung aller Körperfunktionen und Energiezentren, Kreislauf und Atmung, Bewegungsapparat

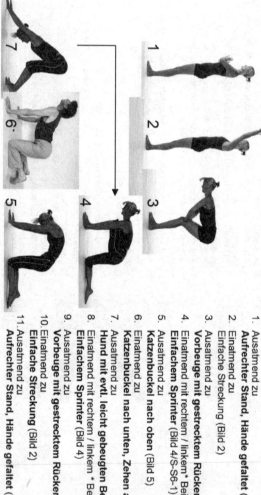

1. Ausatmend zu
   Aufrechter Stand, Hände gefaltet (Bild 1)

2. Einatmend zu
   Einfache Streckung (Bild 2)

3. Ausatmend zu
   Vorbeuge mit gestrecktem Rücken (Bild 3)

4. Einatmend mit rechtem / linkem* Bein nach hinten zu
   Einfachem Sprinter (Bild 4/S-S6-1)

5. Ausatmend zu
   Katzenbuckel nach oben (Bild 5)

6. Einatmend zu
   Katzenbuckel nach unten, Zehen aufgesetzt (Bild 6)

7. Ausatmend zu
   Hund mit evtl. leicht gebeugten Beinen (Bild 7)

8. Einatmend mit rechtem / linkem * Bein nach vorne zu
   Einfachem Sprinter (Bild 4)

9. Ausatmend zu
   Vorbeuge mit gestrecktem Rücken (Bild 3)

10. Einatmend zu
    Einfache Streckung (Bild 2)

11. Ausatmend zu
    Aufrechter Stand, Hände gefaltet (Bild 1)

fließend mit nur einem Atemzug pro Position oder langsam mit mehreren Atemzügen pro Position
einige Runden (*= abwechselnd mit jeder Runde)

Vorsicht bei: Bluthochdruck, Herzerkrankungen, Bruch, akuten Rückenbeschwerden, Beginn Menstruation

Version 1.3

© Dr. Hans Kugler

224

U-A1-1
Atemgrundübung

yoga software

Atembeobachtung

Gut für: Atembewusstsein, Entspannung und Beruhigung

Ausgangslage

- Rückenentspannungslage (P-A-2), gekreuzter Sitz (O-A-3) oder Fersensitz (S-A-1)
- Augen schließen, den ganzen Körper entspannen und den Geist sammeln

Zielsetzung

- Sich in die Beobachtung des natürlichen Atems versenken, ohne aktiv einzugreifen

Atembeobachtung an den Stationen des Atemwegs

- In den Nasengängen -> Temperaturunterschied zwischen Aus- und Einatmen
- An der Halsrückseite oberhalb der Kehle
- In der Kehle
- In den Bronchien zwischen Kehle und Lunge
- In der Lunge
- Im gesamten Brustkorb -> Bewegung beim Aus- und Einatmen
- Im Bauchraum -> Bewegung beim Aus- und Einatmen

Atembeobachtung über den gesamten Atemweg -> einige Minuten

- Beim Einatmen den Atem verfolgen von den Nasengängen bis in den Bauch
- Beim Ausatmen auf dem Rückweg verfolgen bis in die Nasengänge

jeweils einige Atemzüge

Vorsicht bei:

Version 1.3

© Dr. Hans Kugler

Gebremste Atmung /
Ujjayi

yoga seltware

Gut für: Vertiefung und Beruhigung von Atmung und Aufmerksamkeit

Ausgangslage

- Prinzipiell jede Stellung möglich, auch begleitend zu Körperübungen

Grundtechnik

- Kehlkopf und Zungenwurzel leicht nach unten ziehen, so als würde man mit geschlossenem Mund „Haaa" aussprechen

- diese Verengung der Luftröhre erzeugt beim Ein- und Ausatmen ein gleichmäßig „seufzendes" Atemgeräusch

- Durch dieses leichte Bremsen wird der Atem tiefer, ruhiger und gleichmäßiger und die Aufmerksamkeit an den Atem gebunden

Unterstützende Zungenstellungen

- Zungenspitze leicht gegen die obere Zahnreihe drücken oder

- Zungenspitze nach hinten rollen und leicht nach oben in den weichen Gaumen drücken (V-E2-1)

- In beiden Fällen wird dadurch die Zungenwurzel leicht nach unten gedrückt

Vorsicht bei:

Version 1.3

© Dr. Hans Kugler

3 Ebenen-Atmung / vollständige Yogaatmung

U-A1-3
Atemgrundübung

yoga software

Gut für: Entwicklung der vollen Atemkapazität

Ausgangslage
- Rückenentspannungslage (P-A-2), gekreuzter Sitz (O-A-3) oder Fersensitz (S-A-1) evtl. zum Spüren rechte Hand auf Bauchnabel, linke Hand auf Brustkorb legen (1)
- Augen schließen und mit entspannter Bauchdecke den natürlichen Atem beobachten

Bauchatmung
- Beim Einatmen Bauchdecke maximal nach vorne wölben, Brust bleibt ruhig (2)
- Beim Ausatmen Bauchdecke sich wieder zurückziehen lassen, Brust bleibt ruhig

Brustatmung
- Beim Einatmen Brustkorb maximal seitlich ausdehnen, Bauch bleibt ruhig (3)
- Beim Ausatmen Brustkorb sich wieder zusammenziehen lassen, Bauch bleibt ruhig

Lungenspitzenatmung
- Beim Einatmen Lungenspitzen maximal nach oben füllen, Bauch bleibt ruhig
- Beim Ausatmen Lungenspitzen sich wieder leeren lassen, Bauch bleibt ruhig

Vollatmung
- Beim Einatmen erst den Bauch zu 2/3 anfüllen, dann hochziehend den Brustkorb
- Beim Ausatmen erst den Brustkorb, dann den Bauch zusammenziehen lassen

Wellenatmung
- Beim Einatmen erst den Bauch zu 2/3 anfüllen, dann hochziehend den Brustkorb Atem kurz anhalten, dabei Brustkorb weit gedehnt, Bauchdecke etwas zurückgezogen
- Beim Ausatmen erst die Bauchecke, dann den Brustkorb sinken lassen

jeweils einige Atemzüge

1

2

3

Vorsicht bei:

Version 1.3

© Dr. Hans Kugler

Wechselatmung / Nadi Shodana

U-A1.4
Atemgrundübung

yoga selfware

Gut für: Balance aktivierender & regenerierender Energien (-> Gehirnhälften), Klärung & Aktivierung Geist

1

2

3

Ausgangslage

* gekreuzter Sitz (O-A-3) oder Fersensitz (S-A-1), Bauchdecke entspannt
* in der rechten Hand Zeige- und Mittelfinger auf dem Daumenhügel (1)

Verschließen der Nasenlöcher

* um durch das linke Nasenloch zu atmen, Daumen sanft auf das rechte Nasenloch (2)
* um durch das rechte Nasenloch zu atmen, Ringfinger sanft auf das linke Nasenloch (3)
* der rechte Oberarm stützt sich dabei auf den Brustkorb, um nicht zu ermüden
* Kopf und Oberkörper bleiben dabei aufrecht, das Gesicht geradeaus nach vorne gerichtet

Mögliche Atemformen

* Bauchatmung oder Vollatmung (U-A1-3), beide am besten leicht gebremst (U-A1-2)

Einfache Wechselatmung (-> ohne Anhalten)

* 1 Runde = links einatmen, rechts ausatmen, rechts einatmen, links ausatmen

Wechselatmung mit Anhalten (Anuloma Viloma)

* Wie einfache Wechselatmung, aber mit kurzem Anhalten des Atems nach Einatmung
* Dabei beide Nasenlöcher mit Daumen und Ringfinger geschlossen
* *Fortgeschrittene Variation: Atem anhalten mit „großer Kontraktion eingeatmet" (V-E1-5)*

Gezählte Wechselatmung

* Wie Wechselatmung mit Anhalten, aber mit gezähltem Atemrhythmus (Einatmung auf 4)
* *Das Verhältnis von Einatmung / Halten / Ausatmung mit zunehmender Praxis ausdehnen von anfangs 4 / 4 / 4 über 4 / 4 / 8, dann 4 / 4 / 8, dann 4 / 12 / 8 auf schließlich 4 / 16 / 8*

10 Runden bis 10 Minuten

Vorsicht bei: Herzproblemen (-> fortgeschrittene Variation)

Version 1.3

Mondatmung

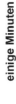
yoga software

U-A2-1
beruhigende Atemübung

Gut für: Beruhigung und Regenerierung

1

Ausgangslage

* gekreuzter Sitz (O-A-3) oder Fersensitz (S-A-1), Bauchdecke entspannt
* rechter Daumen rechtes Nasenloch schließend, Finger geschlossen und senkrecht
* rechter Oberarm senkrecht auf den Brustkorb gestützt, um nicht zu ermüden, linke Faust in der rechten Achselhöhle (1)

Einfache Mondatmung

* mit gebremster (U-A1-2) Bauch- oder Vollatmung (U-A1-3) ruhig und langsam durch das linke Nasenloch atmen

Fortgeschrittene Mondatmung

* *mit gebremster (U-A1-2) Bauch- oder Vollatmung (U-A1-3) ruhig und langsam durch das linke Nasenloch einatmen*
* *Atem mit „großer Kontraktion eingeatmet" (V-E1-5) anhalten, solange angenehm*
* *mit gebremster (U-A1-2) Bauch- oder Vollatmung (U-A1-3) ruhig und langsam durch das linke Nasenloch ausatmen*

einige Minuten

Vorsicht bei:

Version 1.3

Hummelatmung / Brahmari

U-A2-2
beruhigende Atemübung

yoga selware

Gut für: Entspannung, Linderung Ängste & Schlafstörungen, Unterstützung Gewebeheilung, Stimme

1

Ausgangslage

· gekreuzter Sitz (O-A-3) oder Fersensitz (S-A-1), Bauchdecke entspannt
· Daumen sanft die Ohrläppchen verschließend, die gespreizten Finger auf der Schädeldecke aufgestützt, Schultern und Ellbogen leicht nach hinten geöffnet (1)

Hummelatmung

· Nach tiefer Einatmung - evtl. hörbar gebremst (U-A1-2) - mit dem Ausatmen einen kräftigen und gleichmäßigen Summton erzeugen, solange die Atemkapazität reicht
· Dabei die Vibration in Kopf und Oberkörper spüren

Fortgeschrittene Variation

· Nach dem Einatmen Atem kurz anhalten mit „großer Kontraktion eingeatmet"
(V-E1-5)

**anfangs 5 – 10 mal, bei Bedarf steigernd auf 5 – 10 Minuten,
bei akuten Angstzuständen und zur Gewebeheilung bis 30 Minuten**

Vorsicht bei: Bettlägrigkeit, ernsteren Ohrinfektionen, Herzproblemen (-> fortgeschrittene Variation)

Version 1.3

© Dr. Hans Kugler

Kühlender Atem

U-A2-3
beruhigende Atemübung

yoga selfware

Gut für: körperliche & geistige Kühlung, Beruhigung und Entspannung, Senkung Blutdruck

Ausgangslage

- gekreuzter Sitz (O-A-3) oder Fersensitz (S-A-1), Bauchdecke entspannt

Mit gerollter Zunge (-> genetisch bedingt nicht für jeden möglich)

- Zum Einatmen die Zunge wie ein Rohr gerollt und möglichst weit nach vorne gestreckt, um die Luft durch dieses Rohr einzusaugen (1)
- Dann die Zunge zurück in den geschlossenen Mund, um durch die Nase auszuatmen
- ruhig und gleichmäßig ein- und ausatmen

Mit gefletschten Zähnen

- Zum Einatmen die Zunge nach hinten gerollt und die Lippen möglichst weit zurück gezogen, um die Luft durch die gefletschten Zähne einzusaugen (2)
- Dann der Mund geschlossenen Mund, um durch die Nase auszuatmen
- ruhig und gleichmäßig ein- und ausatmen

Mit gespitzten Lippen

- Zum Einatmen die Zunge nach vorne gespitzt, um die Luft einzusaugen (3)
- Dann der Mund geschlossenen, um durch die Nase auszuatmen
- ruhig und gleichmäßig ein- und ausatmen

Ergänzende Augenstellung

- *Augen beim Einatmen auf die Nasenspitze gerichtet (V-E2-1), beim Ausatmen zusammen mit dem Mund geschlossen*

10 bis 15 Atemzüge

1

2

3

Vorsicht bei: niedrigem Blutdruck, träger Verdauung, Problemen mit Atmungsorganen, Depression

Version 1.3

© Dr. Hans Kugler

Imaginäre Wechselatmung

yoga selfware

U-A2.4

beruhigende Atemübung

Ausgangslage

- gekreuzter Sitz (O-A-3) oder Fersensitz (S-A-1), Bauchdecke entspannt
- Geist und Körper entspannen und zur Ruhe bringen

Grundtechnik

- Ohne Zuhilfenahme der Hände (also nur in der Vorstellung) atmen wie bei der einfachen Wechselatmung: 1 Runde = links ein / rechts aus / rechts ein / rechts aus

Vorbereitung

- Den Atemfluss im Dreieck zwischen Nasenlöchern und Nasenwurzel beobachten: erst auf beiden Seiten, dann links, dann rechts, dann wieder auf beiden Seiten

Imaginäre Wechselatmung

- 4 Runden imaginärer Wechselatmung (-> zählen mit den Fingern))
- Dann einmal durch beide Nasenlöcher zur Nasenwurzel ein- und ausatmen und sich dabei den Atemfluss wie ein „umgekehrtes V" vorstellen
- So abwechselnd fortfahren

einige Minuten

© Dr. Hans Kugler

Sonnenatmung

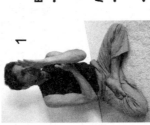

U-A3-1

aktivierende Atemübung

yoga software

Ausgangslage

- gekreuzter Sitz (O-A-3) oder Fersensitz (S-A-1), Bauchdecke entspannt
- linker Daumen linkes Nasenloch schließend, Finger geschlossen und senkrecht
- linker Oberarm senkrecht auf den Brustkorb gestützt, um nicht zu ermüden, linke Faust in der rechten Achselhöhle(1)

Einfache Sonnenatmung

- mit gebremster (U-A1-2) Bauch- oder Vollatmung (U-A1-3) tief durch das rechte Nasenloch atmen

Fortgeschrittene Sonnenatmung

- *mit gebremster (U-A1-2) Bauch- oder Vollatmung (U-A1-3) tief durch das rechte Nasenloch einatmen*
- *Atem mit „großer Kontraktion eingeatmet" (V-E1-5) anhalten, solange angenehm*
- *mit gebremster (U-A1-2) Bauch- oder Vollatmung (U-A1-3) tief durch das rechte Nasenloch ausatmen*

einige Minuten

233

Stoßatmung / Kapalabhati

yoga sellware

U-A3-2

aktivierende Atemübung

Gut für: Reinigung Atemwege & Energiebahnen, Massage Bauch & Sonnengeflecht, Klärung & Aktivierung Geist

Ausgangslage
- gekreuzter Sitz (O-A-3) oder Fersensitz (S-A-1), Bauchdecke entspannt, Nase frei

Grundtechnik
- Zunächst einatmen in den Bauch
- Durch stoßartiges Zusammenziehen von Bauchmuskeln und Zwerchfell die Lunge sozusagen leer husten, dabei bleiben Oberkörper und Gesicht entspannt und passiv
- Die nächste Einatmung erfolgt dann automatisch durch Zurückschnellen der Muskeln
- 1 bis 2 Atemstöße pro Sekunde, sich steigernd mit zunehmender Praxis
- Normalerweise Atmung durch die Nase, nur in der Übungsform durch den Mund

Übungsform: „Kerze ausblasen"
- Zeige- und Mittelfinger als „Kerze" eine Handlänge vor dem Mund
- Durch einen Lippenspalt die Kerze aushusten und Luftstrahl an den Fingern spüren (1)
- Anfangs 10 Atemstöße, schrittweise sich steigernd bis 20

Grundform der Stoßatmung: bis zu 5 Runden, jeweils beinhaltend
- 10 bis 20 Atemstöße durch die Nase
- Danach gebremst tief ein- und ausatmen, um das Zwerchfell zu entspannen
- Dann gebremst nur ¾ einatmen, Atem anhalten solange bequem, geschlossenen Augen auf die Stirn gerichtet, evtl. Beckenboden leicht angezogen, dazu fortgeschrittene Variation: beim Einatmen die Energie mit dem Atem hochziehen(V-E3-1)
- Zum Schluss der Runde gebremst ausatmen und entspannt weiteratmen

Version 1.3

© Dr. Hans Kugler

Feueratmung / Blasebalg / Bhastrika

U-A3-3

aktivierende Atemübung

yoga selfware

Ausgangslage

- gekreuzter Sitz (O-A-3) oder Fersensitz (S-A-1), Bauchdecke entspannt, Nase frei

Grundtechnik

- Kraftvolle Bauchatmung (U-A1-3) mit gleicher Betonung von Ein- und Ausatmung
- Mit der Einatmung wölbt sich der Bauch kraftvoll nach vorne
- Mit der Ausatmung zieht sich der Bauch kraftvoll zusammen
- Atmung durch beide Nasenlöcher oder einzeln, dabei Hände wie in Wechselatmung (U-A1-4)
- Tempo langsam - mittelschnell - schnell: eine Ein- und Ausatmung in 2 sec – 1 sec - ½ sec
- Mit zunehmender Praxis Tempo und Anzahl der Atemzüge steigern
- Grundtechnik auch in einigen Körperstellungen anwendbar

Übungsform: „Hände hoch"

- Ausgangslage: Hände mit Fäusten um die Daumen, Arme seitlich angewinkelt (1)
- Einatmend die Arme kraftvoll über den Kopf strecken und Finger spreizen (2)
- Ausatmend kraftvoll zurück in die Ausgangslage
- Ca. 10 Atemzüge in mittelschnellem Tempo

Feueratmung / Blasebalg: bis zu 5 Runden, jeweils beinhaltend

- 10 Atemzüge links, dann links tief einatmen Atem kurz anhalten und links ausatmen (3)
- 10 Atemzüge rechts, dann rechts tief einatmen Atem kurz anhalten und rechts ausatmen
- 10 Atemzüge beidseitig, dann beidseitig tief einatmen Atem kurz anhalten und beidseitig ausatmen
- *Fortgeschrittene Variation: Atem anhalten mit „großer Kontraktion eingeatmet" (V-E1-5)*

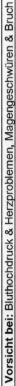

1

2

3

Version 1.3

© Dr. Hans Kugler

Keuchatmung

yoga selfware

U-A3-4
aktivierende Atemübung

1

Ausgangslage

- Fersensitz mit gegrätschten Beinen (A-A-1), Oberkörper mit gestreckten Armen leicht nach vorne gebeugt und auf die Knie gestützt, Zunge weit nach unten gestreckt (1)

Keuchatmung

- In dieser Zungenstellung kraftvolle Bauchatmung wie bei Feueratmung (U-A3-3)
- Mit der Einatmung wölbt sich der Bauch kraftvoll nach vorne
- Mit der Ausatmung zieht sich der Bauch kraftvoll zusammen
- Der Brustkorb bleibt dabei möglichst ruhig
- Tempo mittel - schnell, d.h. eine Ein- & Ausatmung in 1sec – ½ sec

10 bis 20 Atemzüge

Version 1.3

© Dr. Hans Kugler

V-E1-1

Energieaktivierung
Kontraktion

yoga sellware

Kehlkontraktion

Ausgangslage
- gekreuzter Sitz (O-A-3) oder Fersensitz (S-A-1)

Grundtechnik
- Nach Einatmung / Ausatmung Atem anhalten, Kehlkopf und Zungenwurzel nach unten ziehen, halten solange angenehm oder gewollt
- Evtl. ergänzend dazu Zungenspitze nach hinten rollen und leicht nach oben in den weichen Gaumen drücken, was die Zungenwurzel automatisch etwas nach unten schiebt (V-E2-1)
- Nach Auflösung der Kontraktion ausatmen / einatmen

Kleine Kehlkontraktion (Stufe 1)
- zusätzlich zur Grundtechnik Kopf mit aufrechtem Hals zum Doppelkinn nach vorne neigen, so dass das Kinn auf den Kehlkopf drückt (1)

Mittlere Kehlkontraktion (Stufe 2)
- zusätzlich zu Stufe 1 Hals mit aufrechtem Oberkörper nach vorne neigen, so dass das Kinn auf das Brustbein drückt
- Brustbein nach vorne strebend, Schultern nach hinten (2)

Große Kehlkontraktion (Stufe 3)
- zusätzlich zu Stufe 2 Oberkörper nach vorne neigen und mit gestreckten Armen auf die Knie oder den Boden aufstützen
- Kopf nach vorne und unten strebend, Schultern nach hinten und oben (3)

Rotierende Kehlkontraktion
- In einem angenehmen Atemtempo einige Runden durch die Stufen 1 bis 3 rotieren

1

2

3

Version 1.3

© Dr. Hans Kugler

Beckenbodenkontraktion

yoga selfware

V-E1-2
Energieaktivierung
Kontraktion

Gut für: Energieaktivierung, Urogenital- & Ausscheidungsorgane, Prostata, Verdauung, gegen Depression

Ausgangslage
- gekreuzter Sitz (O-A-3) oder Fersensitz (S-A-1

Hintergrund
- Im Beckenboden befindet sich ein komplexes Muskelgeflecht. Es umfasst die
  - Die ringförmigen vorderen Schließmuskeln des Urogenitalbereichs
  - Die ringförmigen hinteren Schließmuskeln des Analbereichs
  - Dazwischen einen verbindenden Längsmuskel
- Diese Muskeln können gleichzeitig oder einzeln kontrahiert werden

Grundtechniken
- Kontraktion zusammen mit Halten des Atems nach Ein- / Ausatmen oder
- "Pumpende" Kontraktion und Entspannung mit angehaltenem Atem oder
- Anhaltende Kontraktion mit weiter fließendem Atem,
  auch begleitend zu einzelnen Körperübungen oder ganzen Übungsprogrammen

Ganze Beckenbodenkontraktion (-> am leichtesten)
- Kontraktion des gesamten Beckenbodens mit einer der Grundtechniken

Vordere Beckenbodenkontraktion
- Kontraktion Schließmuskeln des Urogenitalbereichs mit einer der Grundtechniken

Hintere Beckenbodenkontraktion
- Kontraktion Schließmuskeln des Analbereichs mit einer der Grundtechniken

Mittlere Beckenbodenkontraktion (-> am schwierigsten zu isolieren)
- Kontraktion des verbindenden Längsmuskels mit einer der Grundtechniken

Je nach Konstitution einige Male bis einige Minuten

Vorsicht: aktivierende Wirkung kann je nach Konstitution sehr stark sein und ggf. Hyperaktivität hervorrufen

Version 1.3 © Dr. Hans Kugler

Bauchkontraktion

yoga software

Gut für: Magen, Darm & Verdauung, Balance Adrenalindrüsen, Anregung Sonnengeflecht, Blutkreislauf

Ausgangslage
- gekreuzter Sitz (O-A-3) oder Fersensitz (S-A-1), leerer Magen!

Grundtechniken
- Nach völliger Ausatmung: Atem anhalten, Bauchdecke ganz nach hinten & oben ziehen
- Nach Einatmung: Atem anhalten und nach unten pressen, Bauchmuskeln anspannen
- Mit weiter fließendem Atem: untere Bauchmuskeln leicht anspannen -> in Kombination mit Beckenbodenkontraktion und Aufrichtung des Beckens bei Körperübungen

Vorübung für die ausgeatmete Bauchkontraktion im Stehen
- Im aufrechten Stand mit leicht gegrätschten Beinen tief einatmen, durch den Mund völlig ausatmend Oberkörper zum rechten Winkel nach vorne beugen, gestreckte Arme auf die leicht gebeugten Knie aufstützen, Atem anhalten und Vakuum ganz nach oben ziehen (1)

Ausgeatmete Bauchkontraktion (in der Ausgangslage)
- nach tiefer Einatmung durch die Nase durch den Mund stoßartig ausatmen und Atem anhalten, dabei Oberkörper vorbeugen und mit gestreckten Armen auf Knie (2) oder Boden (3) stützen, Bauchdecke mit Vakuum ganz nach hinten und oben ziehen
- anhalten solange angenehm, dabei Kinn zur Brust (Kehlkontraktion 3 -> V-E1-1)
- nach nochmaligem kurzen Ausatmen sich einatmend aufrichten und entspannen

Eingeatmete Bauchkontraktion (in der Ausgangslage)
- Nach Einatmung Atem anhalten und nach unten pressen, Bauchmuskeln anspannen
- halten solange angenehm, dabei Kinn zum Kehlkopf (Kehlkontraktion 1 -> V-E1-1)
- Ausatmend Kopf aufrichten und Anspannung lösen

Vorsicht bei: Bluthochdruck und Herzproblemen, Magen- & Darmgeschwür, Bruch

1

2

3

Version 1.3

© Dr. Hans Kugler

Dynamische Bauchkontraktion

yoga selfware

Gut für: Energieaktivierung, Appetit, Bauchmuskeln- & Organe, Linderung Magen- & Darmbeschwerden

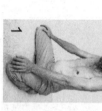

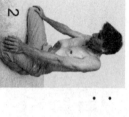

Ausgangslage

* Fersensitz mit gegrätschten Beinen (A-A-1), leerer Magen!
* Nach tiefer Einatmung durch die Nase durch den Mund stoßartig und vollständig ausatmen und Atem anhalten, dabei Oberkörper mit gestreckten Armen nach vorne beugen und auf die Knie stützen, Kinn zur Brust im Kehlverschluss 3 (V-E1-1)

Dynamische Bauchkontraktion

* Mit angehaltenem Atem Bauchdecke schnell und kraftvoll vor- und zurückwölben, solange die Atemkapazität reicht (von etwa 10 Bewegungen pro Runde schrittweise steigern auf mehr als 50)
* Kopf und Oberkörper aufrichtend den Kehlverschluss lösen, einatmen und entspannen
* Wenn sich der Atem normalisiert hat noch 1 bis 2 weitere Runden

Vorsicht bei: Bluthochdruck & Herzproblemen, Magen- & Darmgeschwür, Bruch, Schilddrüsenüberfunktion

Version 1.3

© Dr. Hans Kugler

Kombinierte Kontraktionen

yoga selfware

V-E1-5
Energieaktivierung
Kontraktion

Gut für: Energieaktivierung, Anregung des ganzen Drüsensystems, Verjüngung, Klärung des Geistes

Ausgangslage
- gekreuzter Sitz (O-A-3) oder Fersensitz (S-A-1)

Grundtechniken
- Kombinierte Becken-, Bauch und Kehlkontraktion mit angehaltenem Atem nach Ausatmung oder Einatmung
- Beckenbodenkontraktion kombiniert mit Kontraktion des unteren Bauches in Körperübungen evtl. auch kombiniert mit gebremster Atmung (U-A1-2)

Große Kontraktion ausgeatmet (1)
- nach tiefer Einatmung ausgeatmete Bauchkontraktion (V-E1-3)
- Anhalten mit Kehlkontraktion 3 (V-E1-1) und ganzer Beckenbodenkontraktion (V-E1-2)
- nach nochmaligem kurzen Ausatmen sich einatmend aufrichten und entspannen

Große Kontraktion eingeatmet (2)
- Nach Einatmung eingeatmete Bauchkontraktion (V-E1-3)
- Anhalten mit Kehlkontraktion 1 (V-E1-1) und ganzer Beckenbodenkontraktion (V-E1-2)
- Ausatmend Kopf aufrichten und Anspannung lösen

Untere Kontraktion in Körperübungen (3)
- Ganze Beckenbodenkontraktion (V-E1-2) kombiniert mit Kontraktion des unteren Bauches (V-E1-3) evtl. auch kombiniert mit gebremster Atmung (U-A1-2)
- z.B. in einzelnen Übungen, um die Aufrichtung des Beckens zu unterstützen
- oder zur Energieaktivierung in ganzen Übungsfolgen wie z.B. im Sonnengruß

1

2

3

Vorsicht bei: Bluthochdruck & Herzproblemen, Magen- & Darmgeschwür, Bruch, akuten Nackenproblemen

Version 1.3

© Dr. Hans Kugler

Kopfstellungen

yoga selware

Gut für: Sammlung des Geistes

1

2

3

Zunge nach oben

- Zungenspitze nach hinten rollen und leicht nach oben in den weichen Gaumen drücken
- Bei Ermüdung evtl. zwischendurch entspannen

Zunge nach unten

- Zungenspitze weit nach unten in Richtung Kinn strecken (1)

Augen nach oben

- Augen ohne Verkrampfung auf den Punkt zwischen den Augenbrauen richten (2)
- Zur Entspannung danach evtl. Handflächen aneinander warm reiben und ohne Druck auf die geschlossenen Augen legen

Augen nach unten

- Augen ohne Verkrampfung auf die Nasenspitze richten (3)
- Zur Entspannung danach evtl. „Augen wärmen" (M-B5-1)

Vorsicht bei: Glaukom, kurz zurückliegenden Augenoperationen (-> Augenstellungen)

© Dr. Hans Kugler

Handstellungen zur Sitzhaltung

V-E2-2
Energieaktivierung
unterstützendes Element

yoga software

Gut für: Schließung feiner Energiekreisläufe zur Unterstützung von Energie- und Meditationsübungen

Ausgangslage

- gekreuzter Sitz (O-A-3) oder Fersensitz (S-A-1)

Bewusstheits-Geste

- Hände auf den Knien
- Spitzen der Zeigefinger die Daumenspitzen berührend (1) oder eingerollt zur Daumenwurzel (2), die übrigen Finger gerade
- Handflächen nach unten (1) oder nach oben (2)

Herz-Geste

- Ähnlich wie Bewusstheits-Geste, Zeigefinger zur Daumenwurzel eingerollt, Spitzen von Daumen, Mittel- und Ringfinger sich berührend, kleiner Finger gerade (3)

Hand-in-Hand-Geste

- Hände aufeinander im Schoß liegend (4)
- Rechts über links: männliche Variante
- Links über rechts: weibliche Variante

1

2

3

4

Vorsicht bei:

Version 1.3

© Dr. Hans Kugler

Die Energie hochziehen

yoga selfware

Gut für: Energieaktivierung, Anregung des ganzen Drüsensystems, Klärung und Öffnung des Geistes

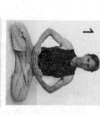

1

2

3

Ausgangslage

- Fester Sitz (L-A-1), gekreuzter Sitz (O-A-3) oder Fersensitz (S-A-1)

Die Energie *mit dem Atem hochziehen*

- *Mit tiefer und gebremster Einatmung (U-A1-2) leichte Beckenbodenkontraktion (V-E1-2), Zunge und Augen nach oben (V-E2-1)*
- *Atem anhalten solange angenehm mit fester Kontraktion von Beckenboden, Bauch und Kehle ("große Kontraktion eingeatmet" -> V-E1-5), Zunge und Augen bleiben oben*
- *Ausatmend Kontraktion auflösen, Zunge entspannen und Augen schließen*

Die Energie mit Atem und Händen hochziehen ("Prana Mudra")

- Nach vollständiger Ausatmung Atem kurz anhalten und Beckenboden anspannen
- Hände mit Fingerspitzen aneinander und mit Handflächen zum Körper zeigend vor den Nabel bringen (1) und von dort gebremst in den Bauch einatmend zur Kehle hochführen (2)
- Atem anhalten evtl. mit Kehlverschluss 1 (V-E1-5)
- Arme seitlich mit nach oben zeigenden Handflächen bis auf Kopfhöhe öffnen (3) und nach kurzem Innehalten wieder zur Kehle schließen (2)
- gebremst ausatmend Hände wieder mit Fingerspitzen aneinander und mit Handflächen zum Körper zeigend von der Kehle zum Nabel hinunterführen (1)
- Nach vollständiger Ausatmung Atem kurz anhalten und Beckenboden anspannen
- Schließlich einatmend Kontraktion lösen und entspannt weiteratmen

Vorsicht bei: Bluthochdruck & Herzproblemen, Magen- & Darmgeschwür, Bruch, akuten Nackenproblemen

© Dr. Hans Kugler

Energetisierende Handstellungen

yoga selfware

V-E3-2
Energieaktivierung
kompakte Energieübung

Gut für: Anregung von Energiepunkten an Fingern und Händen, Sammlung des Geistes

Ausgangslage

- Fester Sitz (L-A-1), gekreuzter Sitz (O-A-3), Fersensitz (S-A-1) oder aufrechter Stand (N-A-1)

Mögliche Handstellungen

1. **Hände vor der Brust gefaltet:** leichter Druck auf den Handflächen, Unterarme waagrecht, etwas Abstand zum Körper (1)

2. **Hände vor der Brust mit gespreizten Fingern:** wie 1, aber ein Fingerpaar, z.B. die Zeigefinger nach oben gespreizt und die Daumen nach unten, die übrigen Finger verschränkt (2)

3. **Hände über dem Kopf:** wie 1 oder 2, aber die Hände über dem Kopf, Ellbogen leicht nach hinten gezogen (3)

4. **Fingerblüten:** Arme vor dem Oberkörper, Ellbogen und Handgelenke aneinander, eine Fingerspitze, z.B. des Zeigefingers die Daumenspitze berührend, die übrigen Finger aufgerichtet (4)

Technik der Energieaktivierung

- Die gewählte Handstellung einnehmen
- Mit gebremster Einatmung (U-A1-2) den Druck zwischen den Händen bzw. Fingern leicht erhöhen, Druck und Atem anhalten solange angenehm, mit gebremster Ausatmung den Druck wieder senken
- *Fortgeschrittene Variante: Energie mit dem Atem hochziehen (V-E3-1)*
- Dasselbe ggf. der Reihe nach mit den anderen Fingern

Vorsicht bei:

Version 1.3

Energiepunkte mit den Händen anregen

yoga selware

Gut für: Anregung verschiedener Energiepunkte im Körper

Handstellungen im Fersensitz (S-A-1) oder gekreuzten Sitz (O-A-3):

- **Energiepunkte an der Schultermitte:** Mit aufrechtem Oberköper Mitte des Schultergrats von vorne mit dem Daumen, von hinten mit den Fingern fassen (1)
- **Energiepunkte in der Grube unterm Schlüsselbein:** Daumen von vorne in die Grube 2-3 cm unter dem Schlüsselbein drücken, Finger von hinten an der Schultermitte (2)
- **Energiepunkte an den Ellbogen:** mit gekreuzten Unterarmen Ellbogengelenke von drei Seiten mit Daumen, Zeige- und Mittelfinger umfassen (3)
- **Energiepunkte in den Handtellern:** Mit verschränkten Fingern die gekreuzten Daumen jeweils in die Mitte des gegenüberliegenden Handtellers drücken, Hände vor dem Sonnengeflecht (4)

Handstellungen im gestreckten Sitz (O-A-1):

- **Energiepunkte an den Knien:** Kniescheiben von drei Seiten mit Daumen, Zeige- und Mittelfinger umfassen (5)

Handstellungen im gekreuzten Sitz (O-A-3):

- **Energiepunkte an den Fußsohlen:** Daumen in die Mitte der Fußsohle drücken (6)

Technik der Energieaktivierung

In der gewählten Stellung mit gebremster Einatmung (U-A1-2) den Druck der Finger erhöhen, Druck und Atem anhalten solange angenehm, mit gebremster Ausatmung den Druck wieder senken
- evtl. 1 bis 2 mal wiederholen

Vorsicht bei: ,

© Dr. Hans Kugler

Die Mitte aktivieren

V-E3-4
Energieaktivierung
kompakte Energieübung

yoga sellware

Gut für: Lockerung Zwerchfell, Massage Bauchorgane, Energieaktivierung im Sonnengeflecht

Ausgangslage

- Im gestreckten Sitz (O-A-1) mit geradem Rücken nach vorne beugen, die großen Zehen mit Daumen, Zeige- und Mittelfinger fassen, Knie wenn nötig gebeugt (1)

Aktivierung der Mitte mit Einatmung

- Tief einatmend die Bauchdecke maximal nach vorne wölben (2)
- ohne Verkrampfung anhalten solange angenehm
- langsam ausatmen und einige Atemzüge entspannen
- bis zu 5 mal wiederholen

Aktivierung der Mitte mit Ausatmung

- Nach tiefer Ausatmung Atem anhalten und Bauchdecke mit dem Vakuum maximal nach hinten und oben ziehen, dabei Lendenwirbelsäule etwas nach unten, Kopf und Schultern etwas nach hinten ziehen (3)
- anhalten solange angenehm
- langsam ausatmen und einige Atemzüge entspannen
- bis zu 5 mal wiederholen

1

2

3

Vorsicht bei: Bruch, Schwangerschaft, Gebärmuttervorfall

Version 1.3

© Dr. Hans Kugler

Der brüllende Löwe

yoga selfware

Gut für: Stimme, Linderung Scheu und Beschwerden im Bereich von Mund, Hals, Nase, Ohren und Augen

1

Ausgangslage

- Fersensitz mit gegrätschten Beinen (S-A-1), gestreckte Arme vor den Unterschenkeln auf dem Boden aufgestützt mit Handflächen zum Körper zeigend, Oberkörper und Kopf nach hinten in den Nacken gewölbt, untere Rippen gegen Ellbogen drückend (1)

2

Der brüllende Löwe

- Langsam durch die Nase einatmen, Zunge und Augen nach oben (V-E2-1) (2)
- langsam und gleichmäßig durch den Mund mit einem langen „Aah"-Ton ausatmen, Zunge und Augen nach unten (V-E2-1) (3)

3

- 5-10 mal wiederholen, nach Bedarf zwischendurch Augen und Zunge entspannen
- Abschließend zur Entspannung der Augen Handflächen aneinander warm reiben und ohne Druck auf die geschlossenen Augen legen

Vorsicht bei:

Version 1.3

© Dr. Hans Kugler

V-E3-6
Energieaktivierung
kompakte Energieübung

yoga software

Die Geste der Einheit

Ausgangslage

- Fersensitz (S-A-1) oder gekreuzter Sitz (O-A-3), eine Hand das andere Handgelenk im Rücken fassend (1)

Die Geste der Einheit („Yogamudra")

- Aufmerksamkeit auf den Beckenboden richten, ihn dabei evtl. leicht anspannen
- Mit gebremster Einatmung (U-A1-2) Energie und Aufmerksamkeit aus dem Beckenboden hochziehen in den Kopf, dabei den Beckenboden ggf. entspannen
- den Atem kurz anhaltend Aufmerksamkeit zwischen die Augenbrauen richten
- Gebremst ausatmend nach vorne beugen, Stirn zum Boden bringen, dabei Energie und Aufmerksamkeit aus dem Kopf wieder hinunterlenken in den Beckenboden (2)
- Beckenboden evtl. wieder leicht anspannen und Atem kurz anhalten
- Mit gebremster Einatmung Oberkörper wieder aufrichten, Energie und Aufmerksamkeit aus dem Beckenboden hochziehen in den Kopf, dabei den Beckenboden ggf. entspannen
- den Atem kurz anhaltend Aufmerksamkeit wieder zwischen die Augenbrauen richten
- Gebremst ausatmend Energie und Aufmerksamkeit aus dem Kopf wieder hinunterlenken in den Beckenboden
- Direkt oder nach einigen Atemzügen Pause 2 bis 5 weitere Runden dieses Ablaufs

1

2

Version 1.3

© Dr. Hans Kugler

Konzentration auf eine Kerzenflamme

W-G1-1
Konzentrationsübung

yoga sellware

Gut für: Konzentrations- & Willenskraft, Linderung Anspannung, Angstzustände, Depression, Schlaflosigkeit

1

Ausgangslage

- Fester Sitz (L-A-1), gekreuzter Sitz (O-A-3) oder Fersensitz (S-A-1) vor einer ruhig! brennenden Kerze in Augenhöhe eine Armlänge entfernt, Hände in einer Bewusstheits-Geste (V-E2-2) auf den Knien (1)
- Stabilisieren der Sitzhaltung (W-G2-1)
- Totale Bewegungslosigkeit entwickeln und dann beibehalten

Konzentration auf eine Kerzenflamme

- Die Augen auf die Spitze des Dochts fixieren und die Aufmerksamkeit mit ihr verschmelzen lassen, ohne die Augen anzustrengen! oder zu blinzeln, 1 bis 2 Minuten, bis die Augen ermüden oder zu tränen beginnen
- dann die Augen schließen und innerlich das Abbild der Flamme zwischen den Augenbrauen zur Ruhe bringen und reaktivieren, bis es völlig verblasst
- Dies abwechselnd von anfangs einigen Malen bis später 10 Minuten wiederholen
- zum Abschluss die Handflächen kräftig aneinander reiben, dann wärmend ohne Druck auf die geschlossenen Augen legen und Augen dabei entspannen

Vorsicht bei:

© Dr. Hans Kugler

Konzentration auf die Nasenspitze

W-G1-2
Konzentrationsübung

yoga software

Gut für:

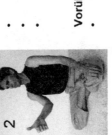

1

2

Ausgangslage

- Fester Sitz (L-A-1), gekreuzter Sitz (O-A-3) oder Fersensitz (S-A-1),
- Stabilisieren der Sitzhaltung (W-G2-1)
- Augen schließen und für eine Weile entspannen

Konzentration auf die Nasenspitze

- Augen öffnen und für einige Sekunden anstrengungslos! auf die Nasenspitze richten, sich dabei ganz in die Wahrnehmung des „umgedrehten V" der Nasenflügel versenken (1)
- Dann wieder die Augen schließen und entspannen
- so bis zu 5 min wiederholen
- Zum Abschluss die Handflächen aneinander warm reiben und zur Entspannung sanft auf die geschlossenen Augen legen

Vorübung für die Augen

- Daumennagel des gestreckten rechten Arms mit darauf fixierten Augen langsam zur Nasenspitze bewegen (2)

Vorsicht bei: Glaukom, kurz zurückliegenden Augenoperationen, Depression,

Version 1.3

© Dr. Hans Kugler

Konzentration auf den inneren Klang

yoga software

Gut für: Rückzug der Aufmerksamkeit nach innen, Entspannung des Gesichts

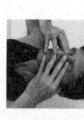

1

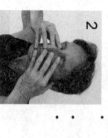

2

Ausgangslage

- Fester Sitz (L-A-1), gekreuzter Sitz (O-A-3) oder Fersensitz (S-A-1)
- Stabilisieren der Sitzhaltung (W-G2-1)
- Beide Daumen auf die Ohrläppchen, Zeigefinger sanft auf die Augenlider, Mittelfinger auf Nasenrücken, Ring- / kleine Finger über / unter die Lippen (1)

Konzentration auf den inneren Klang

- Nach dem Einatmen mit den Mittelfingern die Nasenflügel schließen (2) und Atem anhalten solange angenehm, dabei nach dem feinem innerem Klang im Kopf lauschen
- Zum Ausatmen Mittelfinger wieder auf den Nasenrücken
- So abwechselnd für einige Minuten fortfahren

Vorsicht bei: Neigung zu Depression

© Dr. Hans Kugler

yoga seftware

W-G1-4
Konzentrationsübung

Konzentration auf die Energiezentren

Gut für: Anregung der einzelnen Energiezentren

Ausgangslage

- Rückenentspannungslage (P-A-2) oder fester Sitz (L-A-1), gekreuzter Sitz (O-A-3), Fersensitz (S-A-1)

Energiezentren: Triggerpunkt – Lage (Symbolfarbe)

1. Beckenboden-Zentrum: kein separater Triggerpunkt - Beckenbodenmitte (rot)
2. Unterbauch-Zentrum: Schambein – Kreuzbein (orange)
3. Oberbauch-Zentrum: Nabel – Lendenwirbelsäule (gelb)
4. Herz-Zentrum: Brustbeinmitte – Brustwirbelsäule (grün)
5. Hals-Zentrum: Kuhle unter Kehle – Halswirbelsäule (blau)
6. Stirn-Zentrum: Punkt zwischen Augenbrauen – Kopfmitte (violett)
7. Scheitel-Zentrum: kein separater Triggerpunkt – Scheitelmitte (weiß)

Konzentrationstechnik: einige Atemzüge lang

- Für das Beckenboden-Zentrum: rotes Licht von / nach unten gebremst ein- / ausatmen
- Für die Zentren 2 bis 6: mit gebremstem Atem (U-A1-2) Licht in der Symbolfarbe vom Triggerpunkt an der Körpervorderseite gerade nach hinten in die Wirbelsäule einatmen und ausatmend wieder nach vorne zum Triggerpunkt zurück schicken
- Für das Scheitel-Zentrum: weißes Licht von / nach oben gebremst ein- / ausatmen

Danach aufkommende Gedanken und Gefühle wahrnehmen, ohne einzusteigen oder zu filtern

Vorsicht bei:

Version 1.3

© Dr. Hans Kugler

Grundbausteine
zur Meditation

yoga software

W-G2-1
Meditationsübung

Gut für: Vorbereitung und Abschluss der Meditation, Rückzug der Aufmerksamkeit von außen nach innen

Ausgangslage

- fester Sitz (L-A-1), gekreuzter Sitz (O-A-3) oder Fersensitz (S-A-1)

Die Sitzhaltung stabilisieren

- Unterkörper auf der Sitzfläche stabilisieren, Hände auf die Knie in gewählter Bewusstheits-Geste (V-E2-2)
- Oberkörper auf dem Unterkörper in ein aufrechtes Gleichgewicht bringen, Schultern leicht nach hinten öffnen, Arme entspannen, Bauchdecke entspannen, so dass der Atem frei fließen kann
- Kopf auf dem Oberkörper in ein aufrechtes Gleichgewicht bringen, Kinn etwas einziehen, so dass sich der Nacken aufrichtet, die Scheitelmitte wie von einer unsichtbaren Schnur leicht nach oben ziehen lassen

Den Körper wahrnehmen

- An der Körperoberfläche die Berührung von Sitzfläche, Kleidung, Luft spüren: vom Groben zum Feinen
- Empfindungen im Körperinneren spüren in Kopf, Oberkörper und Unterkörper

Geräusche wahrnehmen (-> die Aufmerksamkeit wendet sich leichter nach innen, wenn sie sich außen ermüdet hat)

- Alle Geräusche aus dem Umfeld wahrnehmen, mit der Aufmerksamkeit ein zeitlang bei einem ausgewählten Geräusch verweilen, und so noch einige Male ein Geräusch aufmerksam begleiten, immer feiner wahrnehmend

Den Atem wahrnehmen

- Spüren, wie der Atem eigenständig kommt und geht: Bewegung in Bauch und Brust, Berührung in Hals und Nase

Gedanken wahrnehmen

- Alle aufkommenden Gedanken und Gefühle beobachtend wahrnehmen, ohne auszublenden oder einzusteigen

Die Meditation sanft beenden

- Den Kontakt mit der Sitzfläche spüren, sich an die Umgebung erinnern, Geräusche aufnehmen
- Den Atem vertiefen und Körper sanft zu bewegen beginnen

Vorsicht bei: Neigung zu Depression

Version 1.3

© Dr. Hans Kugler

W-G2-2

Meditationsübung

yoga software

SOHAM-Energiemeditation
(„Ich bin, der ich bin")

Gut für: Reinigung und Anregung von Energiebahnen und –Zentren, geistige Klarheit und Konzentration

Ausgangslage

- fester Sitz (L-A-1), gekreuzter Sitz (O-A-3) oder Fersensitz (S-A-1)
- Stabilisieren der Sitzhaltung (W-G2-1)

Ziel und Formen der SOHAM-Energiemeditation

- Ziel: Energieaktivierung und zusammen mit dem Atem im „vorderen" oder „hinteren" Energiekanal
- Der „hintere" Energiekanal ist die Wirbelsäule, vom Steißbein hinauf bis zur Schädelmitte
- Der „vordere" Energiekanal führt vom Nabel geradlinig hinauf zur Kehle (–> leichterer Einstieg)

Grundtechnik der SOHAM-Energiemeditation

- Zur Vorbereitung kurz den natürlichen Atem im aufrechten und ruhigen Oberkörper beobachten und dann zur gebremsten Atmung übergehen, dabei Zungenspitze nach hinten in den Gaumen (U-A1-2)
- Durch den Energiekanal wie durch eine Röhre einatmen von unten nach oben, ausatmen von oben nach unten, dabei bleibt der Atem gebremst und, wenn möglich, die Zungenspitze hinten im Gaumen einatmend als natürlichen Atemklang SO hören, ausatmend HAM und beide verbinden zu SOHAM
- Nach der gewünschten Meditationszeit (schrittweise ausdehnbar bis zu 20 Minuten) zum natürlichen Atem ohne SOHAM zurückkehren und die Meditation beenden (W-G2-1)

Ergänzende Aspekte

- Der vordere Energiekanal spricht insbesondere das Herz-Energiezentrum an, deshalb bietet sich hierfür als Handstellung das Herz-Mudra an (V-E2-2)

Vorsicht bei: Neigung zu Depression

Version 1.3

© Dr. Hans Kugler

Meditation
„Die 3 inneren Räume"

yoga selware

Gut für: Bewusstmachung, Klärung und harmonische Anregung der speziellen Energien dieser Räume

Ausgangslage

• fester Sitz (L-A-1), gekreuzter Sitz (O-A-3) oder Fersensitz (S-A-1)

• Stabilisieren der Sitzhaltung (W-G2-1)

Meditation „Die 3 inneren Räume"

• **Der Bauchraum**

  – Spüren wie in ihm der Atem kommt und geht (1 min)

  – Auftauchende Gedanken & Gefühle wahrnehmen, ohne auszublenden oder einzusteigen (1 min)

  – Raum mit warmem Licht füllen

• **Der Brustraum**

  – Spüren wie in ihm der Atem kommt und geht (1 min)

  – Auftauchende Gedanken & Gefühle wahrnehmen, ohne auszublenden oder einzusteigen (1 min)

  – Raum mit warmem Licht füllen

• **Der Kopfraum**

  – Spüren wie in ihm der Atem kommt und geht (1 min)

  – Auftauchende Gedanken & Gefühle wahrnehmen, ohne auszublenden oder einzusteigen (1 min)

  – Raum mit warmem Licht füllen

• Zum Abschluss den ganzen Körper mit dem warmen Licht anfüllen und ausstrahlen lassen

Vorsicht bei: Neigung zu Depression

Version 1.3

© Dr. Hans Kugler

Bauchraum-Meditation

yoga software

W-G2-4

Meditationsübung

Gut für: Bewusstmachung, Klärung und harmonische Anregung der speziellen Energien im Bauchraum

Ausgangslage

- fester Sitz (L-A-1), gekreuzter Sitz (O-A-3) oder Fersensitz (S-A-1) mit Herz-Geste(V-E2-2)
- Stabilisieren der Sitzhaltung (W-G2-1)

Bauchraum-Meditation

- Zur Vorbereitung kurz den Atem im Bauchraum beobachten und spüren,
  wie sich die Bauchdecke beim Ein- und Ausatmen hebt und senkt
- Dann im Bauchraum den symbolischen Qualitäten von Erde, Wasser & Feuer nachspüren (je ½ Minute)
- Aufkommende Gefühle im Bauchraum wahrnehmen, ohne auszublenden oder einzusteigen (1 Minute)
- Wenn es darunter ein dominierendes Gefühl gibt, dieses erst ganz intensiv erleben (1 Minute)
  und es dann innerlich wieder loslassen
- Bauchraum mit einem Gefühl von Ruhe und Frieden anfüllen und dieses ausstrahlen lassen
- Die Meditation sanft beenden (W-G2-1)

Vorsicht bei: Neigung zu Depression

Version 1.3

© Dr. Hans Kugler

Herzraum-Meditation

yoga selfware

W-G2-5
Meditationsübung

Gut für: Bewusstmachung, Klärung und harmonische Anregung der speziellen Energien im Herzraum

Ausgangslage

- fester Sitz (L-A-1), gekreuzter Sitz (O-A-3) oder Fersensitz (S-A-1) mit Herz-Geste(V-E2-2)
- Stabilisieren der Sitzhaltung (W-G2-1)

Herzraum-Meditation

- Zur Vorbereitung kurz den Atem im aufrechten und ruhigen Oberkörper beobachten und sich bewusst machen, dass die Atemluft eine Verbindung zwischen Außenraum und Innenraum des Körpers herstellt
- Dann zur Brustatmung übergehen

    - Spüren: der Brustraum vergrößert und verkleinert sich stetig mit dem Atem (1/2 Minute)
    - Visualisieren: in der Mitte des Brustraums eine kleine goldene Flamme
    -> sie wird heller und dunkler mit dem Ein- und Ausatmen (1/2 Minute)

- Aufkommende Gefühle im Brustraum wahrnehmen, ohne auszublenden oder einzusteigen (1 Minute)
- Wenn es darunter ein dominierendes Gefühl gibt, dieses erst ganz intensiv erleben (1 Minute) und es dann innerlich wieder loslassen
- Brustraum mit einem Gefühl von Ruhe und Frieden anfüllen und dieses ausstrahlen lassen
- Die Meditation sanft beenden (W-G2-1)

Vorsicht bei: Neigung zu Depression

Version 1.3

© Dr. Hans Kugler

Kopfraum-Meditation

yoga software

W-G2-6
Meditationsübung

Gut für: Bewusstmachung, Klärung und harmonische Anregung der speziellen Energien im Kopfraum

Ausgangslage

- fester Sitz (L-A-1), gekreuzter Sitz (O-A-3) oder Fersensitz (S-A-1)
- Stabilisieren der Sitzhaltung (W-G2-1)

Kopfraum-Meditation

- Zur Vorbereitung kurz den Atemfluss im Dreieck zwischen Nasenlöchern und Nasenwurzel beobachten, dann durch die Stirn den Kopfraum betreten und nach allen Seiten umschauen: Hinterkopf als Rückwand, Stirn als Vorderwand, Seitenwände mit Ohren als Türen, im Boden Wirbelsäule als Tunnel nach unten

- In der Mitte des Kopfraums sitzend auf die Stirnfläche wie auf eine Kinoleinwand blicken und darauf erscheinende Gedankenbilder beobachten, ohne auszublenden oder einzusteigen (1 Minute)

- Wenn es darunter ein dominierendes Bild gibt, dieses erst ganz intensiv erleben (1 Minute) und es dann innerlich wieder loslassen und den Gedankenfilm abstellen

- Den Kopfraum mit einem Gefühl von Ruhe und Frieden anfüllen und dieses ausstrahlen lassen

- Die Meditation sanft beenden (W-G2-1)

Vorsicht bei: Neigung zu Depression

Version 1.3

Übungsfundus

Grundbausteine zur Entspannung

yoga seilware

W-G3-1
Entspannungsübung

Gut für: Entspannung im Übungsablauf (W-G3-3) oder in eigenständiger Tiefenentspannung (W-G3-4)

Die Entspannung durch Muskelanspannung vorbereiten

- Alle Körperteile nacheinander oder gleichzeitig (W-G3-2)

Den Körper in die Entspannung sinken lassen

- Die Bauchdecke entspannen, so dass sich der Atem frei im Bauch bewegen kann
- Die Körperteile in den Boden sinken lassen, dabei zunehmend den Kontakt mit dem Boden spüren

Geräusche wahrnehmen (-> die Aufmerksamkeit wendet sich leichter nach innen, wenn sie sich außen ermüdet hat)

- Alle Geräusche aus dem Umfeld wahrnehmen, mit der Aufmerksamkeit ein zeitlang bei einem ausgewählten Geräusch verweilen, und so noch einige Male ein Geräusch aufmerksam begleiten, immer feiner wahrnehmend

Den Atem wahrnehmen

- Spüren, wie der Atem eigenständig kommt und geht: Bewegung in Bauch und Brust, Berührung in Hals und Nase
- Die Atemzüge rückwärts zählen, beginnend mit 99, 98,... und dort wieder beginnen, wenn der „Faden reißt"

Den Körper wahrnehmen

- Die Aufmerksamkeit durch den Körper fließen lassen und ihn dabei entspannen, zügig in größeren Schritten oder in einer ausführlichen Entspannungsreise (W-G3-6)

Die Entspannung durch Suggestion oder Visualisierung vertiefen

- Die Körperbilder mit Entspannungsformeln durchgehen (W-G3-5)
- Den Körperteilen Schwere, Wärme, Schmelzen, Leichtigkeit, Ausdehnung, ... suggerieren
- Den Körper von oben liegen sehen und Entspannung besonders im Gesicht (Stirn, Augen, Kiefer) bekräftigen

Die Entspannung sanft beenden

- Den Kontakt mit dem Boden spüren, sich an die Umgebung erinnern, Geräusche aufnehmen
- Den Atem vertiefen, den Körper dehnen und räkeln

Version 1.3

© Dr. Hans Kugler

260

Entspannungsvorbereitung durch Muskelanspannung

W-G3-2
Entspannungsübung

yoga seftware

Gut für: Vertiefung der Entspannung durch vorherige Anspannung

Ausgangslage
- Rückenentspannungslage (P-A-2)

Grundtechnik zur Anspannung der Körperteile
- Einatmend anspannen, Spannung und Atem einige Sekunden halten, ausatmend entspannen

Abfolge zur Anspannung der einzelnen Körperteile
- Beide Beine -> dabei leicht vom Boden abheben (1)
- Gesäß, Becken und Hüften -> dabei leicht vom Boden abheben (2)
- Brust -> dabei leicht vom Boden abheben, Schultern nach unten (3)
- Beide Arme -> dabei leicht vom Boden abheben, Fäuste machen (4)
- Schultern -> dabei nach oben zu den Ohren ziehen (5)
- Schultern -> dabei nach unten zu den Zehen ziehen
- Gesicht -> dabei Muskeln hin zur Nasenspitze ziehen
- Zum Abschluss: tief einatmend Augen öffnen und nach oben schauen, ausatmend Zunge weit nach unten strecken und Finger spreizen (6)

Gleichzeitige Anspannung aller Körperteile
- Alle Muskeln gleichzeitig anspannen und einige Male wiederholen
- Dazu auch geeignet: Das Boot (P-B0-1)

1

2

3

4

5

6

Vorsicht bei:

Entspannung im Übungsablauf

yoga software

Gut für: Wechselspiel von Anspannung und Entspannung im Übungsablauf

Erstentspannung: in Rückenentspannungslage (P-A-2) -> Körper warm halten mit Decke, Kleidung,...

- Evtl. die Entspannung durch Muskelanspannung vorbereiten: alle Körperteile nacheinander (W-G3-2)
- Den Körper in die Entspannung sinken lassen (W-G3-1)
- Evtl. Geräusche wahrnehmen (W-G3-1) -> Rückzug der Aufmerksamkeit von außen nach innen vorbereiten
- Den Körper wahrnehmend durchgehen und ihn dabei entspannen: zügig in größeren Schritten (W-G3-1):
- Evtl. die Entspannung durch Suggestion oder Visualisierung vertiefen (W-G3-1) -> Wärme, Leichtigkeit,...
- Den Atem erst wahrnehmen (W-G3-1), dann vertiefen mit gebremsten Atem (U-A1-2), Körper dehnen und räkeln

Zwischenentspannung: im allgemeinen in der Lage der vorausgehenden Übungsfolge

- Den Körper in die Entspannung sinken lassen (W-G3-1)
- Den Körper den Übungen nachspürend durchgehen und ihn dabei entspannen (W-G3-1) -> vertieft Wirkung
- Den Atem erst wahrnehmen (W-G3-1), dann vertiefen mit gebremsten Atem (U-A1-2), Körper dehnen und räkeln

Schlussentspannung: in Rückenentspannungslage (P-A-2) -> Körper warm halten, evtl. Unterlage für Kopf oder Knie

- Evtl. die Entspannung durch Muskelanspannung vorbereiten: alle Körperteile gleichzeitig (W-G3-2)
- Den Körper in die Entspannung sinken lassen (W-G3-1)
- Die Körperteile mit Entspannungsformeln durchgehen (W-G3-5)
- Die Entspannung sanft beenden (W-G3-1)

Vorsicht bei:

Version 1.3

© Dr. Hans Kugler

Tiefenentspannung

W-G3-4

Entspannungsübung

yoga software

Gut für: tiefe körperliche und geistige Entspannung

Ausgangslage:
- in Rückenentspannungslage (P-A-2) -> Körper warm halten, evtl. Unterlage für Kopf oder Knie

Tiefenentspannung
- Die Entspannung durch Muskelanspannung vorbereiten (W-G3-2)
- Den Körper in die Entspannung sinken lassen (W-G3-1)
- Evtl. die Entspannung durch Suggestion oder Visualisierung vertiefen (W-G3-1) -> Wärme, Leichtigkeit,...
- Geräusche wahrnehmen (W-G3-1) -> Rückzug der Aufmerksamkeit von außen nach innen vorbereiten
- Den Atem wahrnehmen (W-G3-1)
- Ausführliche Entspannungsreise durch den Körper (W-G3-6)
- Den Atem wahrnehmen (W-G3-1)
- Entspannende Phantasiereise (W-G3-7), entweder zur Beruhigung oder zum Auftanken von Energie
- Den Atem wahrnehmen (W-G3-1), und ggf. zur Beruhigung rückwärts zählen ab 99
- Die Entspannung sanft beenden (W-G3-1)

Vorsicht bei: Neigung zu Depression

Version 1.3

© Dr. Hans Kugler

Entspannung
mit Entspannungsformeln

yoga seminare

Gut für: geführte Entspannung durch die Körperteile und eine vertiefende geistige Entspannung

Entspannung mit Entspannungsformeln -> innerlich aussprechen

- Ich spüre meine Füße, von den Zehen über die Sohlen bis zu den Fersen, meine Füße sind ganz entspannt
- Ich spüre meine Beine, von den Fußgelenken und Waden über die Knie hinauf bis zu den Oberschenkeln, meine Beine sind ganz entspannt
- Ich spüre Gesäß, Becken und Hüften, Gesäß, Becken und Hüften sind jetzt ganz entspannt, und damit auch die ganze untere Hälfte meines Körpers
- Ich spüre meinen Rücken, vom Steißbein alle Wirbel hinauf bis zu den Schultern, mein Rücken ist ganz entspannt
- Ich spüre Bauchdecke und Brustkorb, Bauch und Brust sind ganz entspannt
- Ich spüre meine Arme, von den Fingern und Händen über die Ellbogen hinauf bis in die Schultern, meine Arme sind ganz entspannt
- Ich spüre Hals, Kehlkopf und Nacken, Hals, Kehlkopf und Nacken sind jetzt ganz entspannt und damit auch die obere Hälfte meines Körpers bis hin zum Kopf
- Ich entspanne Hinterkopf und Schädeldecke, … Stirn und Schläfen, … Augenbrauen und Augen ganz tief, …Nase und Wangen, … Kiefer und Kinn, … Mund und Zunge, … Gaumen und Rachen
- Und ich gehe durch den Hals hinab in meine Brust und entspanne dort mein Herz und meine Lungen, … gehe dann noch weiter hinab in meinen Bauch und entspanne dort Magen und Darm, Leber und Nieren, entspanne alle inneren Organe
- Dann kehre ich nochmals zurück in meinen Kopf und entspanne dort mein Gehirn, alle Zellen meines Gehirns sind jetzt vollständig entspannt
- Mir ist als läge ich am Strand im warmen und im weichen Sand und spüre eine wohlige Wärme an meinem Rücken und an meinen Beinen, lasse mich ganz in den warmen, weichen Sand sinken
- Über mir der Himmel weit und klar, und wenn Gedanken kommen, lasse ich sie einfach weiterziehen wie kleine weiße Wölkchen
- Und so entsteht in mir eine tiefe, … tiefe, …tiefe … Ruhe

Vorsicht bei:

© Dr. Hans Kugler

Entspannungsreise durch den Körper

yoga software

Gut für: ausführliche Entspannung aller Körperteile, längere Bindung der Aufmerksamkeit an den Körper

Entspannungsreise durch den Körper -> Aufmerksamkeit auf das Körperteil richten und entspannen

- **rechte Körperseite:** Daumen, Zeigefinger, Mittelfinger, Ringfinger, kleiner Finger, alle Finger zusammen, Handfläche, Handrücken, Handgelenk, Unterarm, Ellbogen, Oberarm, Schulter, Achselhöhle, ganze rechte Seite des Rumpfes, Taille, Hüfte, Oberschenkel, Knie, Unterschenkel, Fußgelenk, Ferse, Sohle, großer Zeh, zweiter Zeh, dritter Zeh, vierter Zeh, kleiner Zeh, die ganze rechte Hälfte des Körpers

- **linke Körperseite:** ebenso

- **Rück- und Vorderseite** -> ggf. nacheinander rechts und links: Fersen, Waden, Kniekehlen, Rückseiten der Oberschenkel, Gesäß, unterer Rücken, mittlerer Rücken, oberer Rücken, Schultern, Nacken, Hinterkopf, Schädeldecke, Stirn, Schläfe, Augenbrauen, Augenlider, Augenhöhlen, Ohren, Wangen, Nasenflügel, Nasenwurzel, Nasenrücken, Nasenspitze, Oberlippe, Unterlippe, Kinn, Kehle, Schlüsselbein, Brustkorb, Bauchdecke, Leiste, Oberseite des Oberschenkels, Kniescheibe, Schienbein

- **Ganze Körperpartien:** ganzer Fuß rechts & links & beide zusammen, ganzes Bein rechts & links & beide zusammen, Gesäß & Rücken zusammen, Bauch & Brust zusammen, ganzer Arm rechts & links & beide zusammen, Kopf & Gesicht zusammen, der ganze Körper zusammen

Vorsicht bei:

yoga seitware

Entspannende Phantasiereise

Gut für: geistige Entspannung, entweder mehr zur Beruhigung oder mehr zum Auftanken von Energie

Phantasiereise zur Beruhigung

- Ich stehe an einem schönen Sommerabend am höchsten Punkt einer kleinen Insel im Meer, warmer Wind umspielt den Körper, die Sonne steht tief über dem Meer und glitzert in den Wellen, unter mir eine kleine, geschützte Bucht
- Ich mache mich auf hinunter zu dieser Bucht, auf dem staubigen Weg durch aromatisch duftende Büsche, höre Grillen zirpen und bald auch das sanfte Rollen der Wellen, Möwen kreisen über meinem Kopf
- Unten angekommen rieche ich den Duft des Wassers , spüre den warmen Sand unter meinen Füßen und sehe die Sonne als feuerroten Ball im Meer versinken
- Ich lege mich auf den Rücken in den Sand und schaue in den Himmel, spüre den Sand ganz warm im Rücken, das feurige Rot des Himmels verblasst und dunkles Blau zieht auf, bald flimmert der erste Stern am Himmel
- Ich fühle mich geschützt in der Bucht und warm getragen von der Erde, und so schließe ich die Augen und spüre die sanfte Bewegung des Atems im Körper

Phantasiereise zum Auftanken von Energie

- Ich mache mich in der Morgendämmerung auf den Weg zum Rücken eines Hügels, zunächst durch einen alten Wald mit knorrigen Bäumen, rieche den Duft von Moos und höre des Gezwitscher der erwachenden Vögel
- Dann führt der Weg hinauf entlang an einem kleinen Bächlein, ich höre es munter plätschern, sehe sein klares Wasser und rieche den frischen Duft des Wassers in der Luft, mein Körper beginnt vom Wandern warm zu werden
- Oben auf dem Rücken des Hügels angekommen geht gerade die Sonne auf als eine riesige Scheibe, und ich spüre die Kraft ihrer Strahlen auf Gesicht und Händen und sogar durch die Kleider hindurch auf meinem Körper
- Ich nehme diese Kraft durch alle Poren meiner Haut auf und sammle sie im Mittelpunkt meines Herzens
- Ich schließe die Augen, lasse die Sonne weiter ihren Weg ziehen und spüre ihre Kraft in mir wirken

Vorsicht bei:

Version 1.3

© Dr. Hans Kugler

Zusammenfassung

- Business-Yoga macht den MBA („Master of Business Administration") zu einem dynamischen **„Master of Balance"**
- Dazu gehört besonders auch ein wirksames **Stressmanagement**
- Stressmanagement ist eine **Gratwanderung** im persönlichen „Flow-Korridor". Sie zielt auf ein fließendes Gleichgewicht zwischen persönlichen Herausforderungen und Ressourcen ab
- **Burn-out** durch chronischen Stress macht Schlagzeilen als Volkskrankheit. Er resultiert aus einem dauerhaft unbalancierten Verbrennen von Ressourcen und ist ein Phänomen unseres modernen Lebens im Kleinen wie im Großen
- Yoga ist ein mächtiger **Werkzeugkasten** für Körper, Energie und Geist. Er enthält eine Vielfalt von Übungen mit gezielt anwendbarer Wirkung
- Mit diesen Übungen als Bausteinen lassen sich je nach Bedürfnis gezielt Yoga-**Programme** zusammensetzen, z.B. für die **„drei P"** des Stressmanagements, um Stress bedingte Probleme zu lindern, ihnen präventiv vorzubeugen oder um „offensiv" Persönlichkeitspotenziale zu entwickeln
- Durch seine vielfältige und gezielte Wirksamkeit empfiehlt sich Yoga als eine Art **„Basisdisziplin"** für Stressmanagement und betriebliche Gesundheitsförderung
- Yoga -Essenzen zur Selbstentfaltung – kurz YES – streben eine einfach praktikable und doch wirkungsvolle **Verdichtung** des Yoga auf wesentliche Aspekte des Stressmanagement an
- Die YES-Praxisprogramme sind quasi ein „(Selbst)-**Management-Extrakt"** des Yoga für Führungskräfte und Leistungsträger
- Bei sinnvollen **Praxisergänzungen** zum Business Yoga als Basisdisziplin geht es um einen „Lifestyle of Health and Sustainability" und eine günstige Aufwandsökonomie

- Durch ihre Verwandtschaft hinsichtlich der Wirkungsprinzipien können solche Praxisergänzungen bereichernde „**i-Tüpfelchen**" für Yoga
sein

- Modelle zur Selbstreflexion unterstützen das „**Selbst-Bewusstein**" als
Schlüsselkompetenz zur Navigation im persönlichen Flow-Korridor,
die zentrale Aufgabe des Stressmanagements

- Sie fördern ein realitätsnahes Verständnis der eigenen **Persönlichkeit**
mit ihren Wesensmerkmalen, Licht- und Schattenseiten

- Yoga als Basisdisziplin, mit der Möglichkeit einer Verdichtung auf Essenzen zur Selbstentfaltung und der Ergänzung um verwandte Praxiselemente, ist zusammen mit Modellen zur Selbstreflexion eine gute
Plattform für ein **ganzheitliches Energiemanagement** (GEM)

- Die Basisinnovationen für den **nächsten Kondratieff-Zyklus** werden
auf die gravierenden Engpässe im globalen Energie- und Ressourcen-
Management reagieren müssen, einschließlich Gesundheitsmanagement

- Ein ganzheitliches Energiemanagement (GEM) mit Yoga als Basisdisziplin kann dazu als „Schatzkiste" – **GEM-Box** – dienen

- Die „**yBox**" ist ein systematischer Yoga-Karteikasten mit einer Vielfalt
von Yogaübungen und daraus zusammengesetzten Übungsprogrammen. Sie verkörpert anschaulich den Toolbox-Charakter von Yoga

- Durch Erweiterung um Praxisergänzungen und Modelle zur Selbst-
Reflexion wird sie eine **GEM-Box** zum ganzheitlichen Energiemanagement

- Der „**yPod**" ist ein Yoga-iPod oder allgemeiner ein MP3-Player mit
Audio-Anleitungen für die Übungsstunden der yBox und für YES-
Programme

- So dient der yPod als **persönlicher Yogatrainer** im Alltag. Er unterstützt mit modernen Mitteln die nachhaltige Integration von Business
Yoga in einen persönlichen „Lifestyle of Health and Sustainability"

Quellen und weiterführende Literatur

■ Lit. 1: Sukadev Volker Bretz, Die Yogaweisheit des Patanjali für Menschen von heute, Verlag Via Nova, Petersberg, 2008

■ Lit. 2: Mihaly Csikszentmihalyi u.a., Das Flow-Erlebnis: Jenseits von Angst und Langeweile – im Tun aufgehen, Klett-Cotta, Stuttgart, 2010

■ Lit. 3: Gerald Hüther, Biologie der Angst, Vandenhoeck & Ruprecht, Göttingen, 2011

■ Lit. 4: Swami Vishnu-devananda, Das Große Illustrierte Yogabuch, Aurum, Bielefeld, 2001

■ Lit. 5: Abraham Maslow, Motivation und Persönlichkeit, Rowohlt, Hamburg, 1981

■ Lit. 6: Richard Rohr und Andreas Ebert; Das Enneagramm, Claudius, München, 1999

■ Lit. 7: Varda Hasselmann und Frank Schmolke, Archetypen der Seele: Die seelischen Grundmuster – Eine Anleitung zur Erkundung der Matrix, Goldmann, München, 2010

■ Lit. 8: Varda Hasselmann und Frank Schmolke, Archetypen der Angst: Die Urängste des Menschen erkennen, verstehen und behandeln, Goldmann, München, 2009

■ Lit. 9: http://spiritual-living-today.blogspot.de/2013/01/maslows-hierarchy-of-needs-and-their.html

■ Lit. 10: Erik Händeler, Kondratieffs Gedankenwelt, Marlon, Moers, 2011

 Dr. Hans Kugler verbindet im Business Yoga viel-
fältige Erfahrungen sowohl im Business wie im
Yoga. Er verfügt über gut 40 Jahre persönlicher
Yogapraxis. Sie begleitete ihn bereits im Studium
der analytischen Philosophie und dann über mehr
als 20 Jahre Unternehmensberatung in der IT-Or-
ganisation. In den Jahren 1999/2000 mündete sie
in eine erste Yogalehrerausbildung. Ihr folgte
2003/04 ein Aufbaustudium an Indiens erster
Yogauniversität mit dem Schwerpunkt Business Yoga, ebenso wie umfang-
reiche Weiterbildungen in psychologischer Beratung und Coaching.
Zusammen mit seinen Kollegen von „yogabiz", einer Kooperation von
Münchner Business Yogalehrern, ist Dr. Kugler seit einigen Jahren Aus-
bilder für Business Yoga an Europas größtem Yogainstitut „Yoga Vidya".

Für weitere Informationen und Seminare siehe www.yogabiz.de und
www.yoga-vidya.de/seminare/leiter/dr-hans-kugler.html oder direkt bei
hans.kugler@yogabiz.de

Weitere Titel aus dem Yoga Vidya Verlag:

Das Yoga Vidya Asana-Buch
von Sukadev Bretz
Asanas, wie sie von Swami Sivananda und Swami Vishnu-devananda
gelehrt wurden. In dieses Buch ist das Wissen aus über 30 Jahren
Yogapraxis des Autors Sukadev Bretz geflossen und es zeigt sanfte
wie auch fortgeschrittene Übungen. Geeignet für alle Yogaprakti-
zierenden, die im Hatha Yoga weiterkommen möchten. Eine gute
Hilfe auch für die Unterrichtsvorbereitung von Yogalehrenden.
Mit zirka 1800 Fotos. Im A4-Format. Mit umfangreichem Index der
Asanas.
208 Seiten, Paperback, 19,80 €, ISBN 978-3-931854-48-5

Die Kundalini Energie erwecken
von Sukadev Bretz
Gleich einer eingerollten Schlange ruht die Kundalini-Energie, die kos-
mische Urkraft, am Ende der Wirbelsäule. Durch die stufenweise Erweckung dieser Energie können wir das Höchste – die Einheit mit dem
Absoluten – erreichen. In inspirierender Klarheit führt Sukadev in die
spirituellen Geheimnisse der Kundalini ein und zeigt, wie wir unser
Leben durch die Erweckung der göttlichen Urenergie in uns bereichern
können. Erläuterungen zur tantrischen Tradition, zu Reinigungs- und
Erdungsritualen, zum Astralkörper, zu Nadis und Chakren helfen, die
Kraft der Kundalini besser zu verstehen und ermöglichen einen um-
sichtigen Umgang mit spirituellen Erweckungserlebnissen. So wird die
Kundalini zu einem inneren Abenteuer.
200 Seiten, Gebunden, 14,80 €, ISBN 978-3-931854-91-1

Yoga Geschichten
Geschichten und Märchen faszinieren die Menschen seit alters her
und waren immer schon ein wichtiges didaktisches Hilfsmittel. Deshalb gibt es auch in allen Kulturen und Traditionen eine Vielzahl
von mythologischen Geschichten, unterhaltsam, rätselhaft, oft mit
vielen Verwicklungen und durchaus nicht immer mit einem „Happy-
End", tiefgründig und voll vielschichtiger Weisheit und tiefer
spiritueller Bedeutung. Diese Geschichten stammen aus klassischen
indischen Schriften wie dem Mahabharata, dem Ramayana, den Pu-
ranas und den Upanishaden und werden vom Autor Sukadev Bretz
nacherzählt, wie er sie von seinem Meister, Swami Vishnu-devananda, gehört hat.
Buch: 96 Seiten, Paperback, 6,80 €, ISBN 978-3-931854-50-8
Hörbuch-Doppel-CD: 14,80 €, ISBN 978-3-931854-64-5

Europas größte Yoga- und Ayurveda-Seminarhäuser

Seminare, Ausbildungen und Erholung in idyllischer Natur:

Yoga und Meditation • Yoga-Ferien • Familie und Kinder • Wellness und Erholung • Kundalini • Yogalehrer-Ausbildungen • Weiterbildungen • Ayurveda-Ausbildungen • Massage-Ausbildungen Therapie • Heilpraktiker • Kunst und Musik • Spiritualität • Events • Yoga- und Ayurveda-Kongress und vieles mehr gibt es in den Yoga-Vidya Seminarhäusern in Bad Meinberg/Teutoburger Wald, Oberlahr/Westerwald, Oy-Mittelberg/Allgäu sowie an der Nordsee.

Informationen unter: **www.yoga-vidya.de**

Yoga Vidya Bad Meinberg
Yogaweg 7, 32805 Horn-Bad Meinberg • Tel. 05234/870 •
badmeinberg@yoga-vidya.de

Yoga Vidya Westerwald
Gut Hoffnungstal, 57641 Oberlahr • Tel. 02685/80020 •
westerwald@yoga-vidya.de

Yoga Vidya Nordsee
Wiarder Altendeich 10, 26434 Horumersiel • Tel. 04426/9041610 •
nordsee@yoga-vidya.de

Yoga Vidya Allgäu
Lärchenweg 3 Maria Rain, 87466 Oy-Mittelberg • Tel. 08361/925300 •
allgaeu@yoga-vidya.de

In rund 100 Yoga-Vidya-Zentren in ganz Deutschland
Yoga systematisch lernen, praktizieren und vertiefen:
www.yoga-vidya.de/center